心一堂術數古籍珍本叢刊

書名：三元地理真傳（兩種）（上）
系列：心一堂術數古籍珍本叢刊　堪輿類　蔣徒張仲馨三元真傳系列　第二輯　170
作者：【清】趙文鳴
主編、責任編輯：陳劍聰
心一堂術數古籍珍本叢刊編校小組：陳劍聰　素聞　梁松盛　鄒偉才　虛白盧主

出版：心一堂有限公司
通訊地址：香港九龍旺角彌敦道六一〇號荷李活商業中心十八樓〇五—〇六室
深港讀者服務中心·中國深圳市羅湖區立新路六號羅湖商業大厦負一層〇〇八室
電話號碼：(852)67150840
網址：publish.sunyata.cc
電郵：sunyatabook@gmail.com
網店：http://book.sunyata.cc
淘寶店地址：https://shop210782774.taobao.com
微店地址：https://weidian.com/s/1212826297
臉書：https://www.facebook.com/sunyatabook
讀者論壇：http://bbs.sunyata.cc/

版次：二零一六年八月初版
平裝：上下二冊不分售

定價：港幣　六百八十元正
人民幣　六百八十元正
新台幣　兩千八百八十元正

國際書號：ISBN 978-988-8317-25-7

香港發行：香港聯合書刊物流有限公司
地址：香港新界大埔汀麗路36號中華商務印刷大厦3樓
電話號碼：(852)2150-2100
傳真號碼：(852)2407-3062
電郵：info@suplogistics.com.hk

台灣發行：秀威資訊科技股份有限公司
地址：台灣台北市內湖區瑞光路七十六巷六十五號一樓
電話號碼：+886-2-2796-3638
傳真號碼：+886-2-2796-1377
網絡書店：www.bodbooks.com.tw
台灣國家書店讀者服務中心：
地址：台灣台北市中山區松江路二〇九號一樓
電話號碼：+886-2-2518-0207
傳真號碼：+886-2-2518-0778
網絡書店：http://www.govbooks.com.tw

中國大陸發行　零售：深圳心一堂文化傳播有限公司
深圳地址：深圳市羅湖區立新路六號羅湖商業大厦負一層〇〇八室
電話號碼：(86)0755-82224934

心一堂微店二維碼

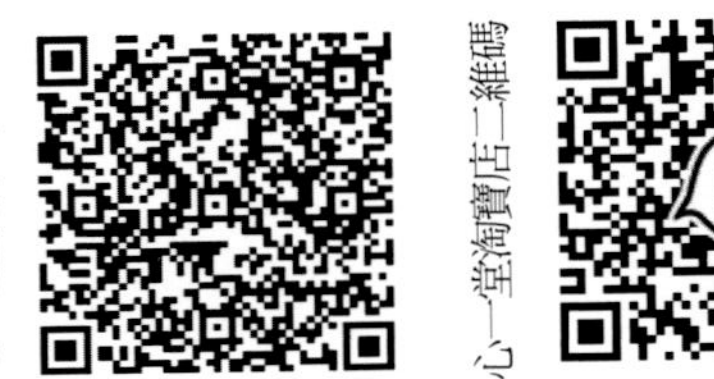

心一堂淘寶店二維碼

心一堂術數古籍珍本整理叢刊　總序

術數定義

術數，大概可謂以「推算（推演）、預測人（個人、群體、國家等）、事、物、自然現象、時間、空間方位等規律及氣數，並或通過種種『方術』，從而達致趨吉避凶或某種特定目的」之知識體系和方法。

術數類別

我國術數的內容類別，歷代不盡相同，例如《漢書・藝文志》中載，漢代術數有六類：天文、曆譜、五行、蓍龜、雜占、形法。至清代《四庫全書》，術數類則有：數學、占候、相宅相墓、占卜、命書、相書、陰陽五行、雜技術等，其他如《後漢書・方術部》、《藝文類聚・方術部》、《太平御覽・方術部》等，對於術數的分類，皆有差異。古代多把天文、曆譜、及部分數學均歸入術數類，而民間流行亦視傳統醫學作為術數的一環；此外，有些術數與宗教中的方術亦往往難以分開。現代民間則常將各種術數歸納為五大類別：命、卜、相、醫、山，通稱「五術」。

本叢刊在《四庫全書》的分類基礎上，將術數分為九大類別：占筮、星命、相術、堪輿、選擇、三式、讖諱、理數（陰陽五行）、雜術（其他）。而未收天文、曆譜、算術、宗教方術、醫學。

術數思想與發展——從術到學，乃至合道

我國術數是由上古的占星、卜筮、形法等術發展下來的。其中卜筮之術，是歷經夏商周三代而通過「龜卜、蓍筮」得出卜（筮）辭的一種預測（吉凶成敗）術，之後歸納並結集成書，此即現傳之《易經》。經過春秋戰國至秦漢之際，受到當時諸子百家的影響、儒家的推崇，遂有《易傳》等的出現，原本是卜筮術書的《易經》，被提升及解讀成有包涵「天地之道

（理）」之學。因此，《易・繫辭傳》曰：「易與天地準，故能彌綸天地之道。」

漢代以後，易學中的陰陽學說，與五行、九宮、干支、氣運、災變、律曆、卦氣、讖緯、天人感應說等相結合，形成易學中象數系統。而其他原與《易經》本來沒有關係的術數，如占星、形法、選擇，亦漸漸以易理（象數學說）為依歸。《四庫全書・易類小序》云：「術數之興，多在秦漢以後。要其旨，不出乎陰陽五行，生尅制化。實皆《易》之支派，傳以雜說耳。」至此，術數可謂已由「術」發展成「學」。

及至宋代，術數理論與理學中的河圖洛書、太極圖、邵雍先天之學及皇極經世等學說給合，通過術數以演繹理學中「天地中有一太極，萬物中各有一太極」（《朱子語類》）的思想。術數理論不單已發展至十分成熟，而且也從其學理中衍生一些新的方法或理論，如《梅花易數》、《河洛理數》等。

在傳統上，術數功能往往不止於僅僅作為趨吉避凶的方術，及「能彌綸天地之道」的學問，亦有其「修心養性」的功能，「與道合一」（修道）的內涵。《素問・上古天真論》：「上古之人，其知道者，法於陰陽，和於術數。」數之意義，不單是外在的算數、歷數、氣數，而是與理學中同等的「道」、「理」--心性的功能，北宋理氣家邵雍對此多有發揮：「聖人之心，是亦數也」、「萬化萬事生乎心」、「心為太極」。《觀物外篇》：「先天之學，心法也。……蓋天地萬物之理，盡在其中矣，心一而不分，則能應萬物。」反過來說，宋代的術數理論，受到當時理學、佛道及宋易影響，認為心性本質上是等同天地之太極。天地萬物氣數規律，能通過內觀自心而有所感知，即是內心也已具備有術數的推演及預測、感知能力；相傳是邵雍所創之《梅花易數》，便是在這樣的背景下誕生。

《易・文言傳》已有「積善之家，必有餘慶；積不善之家，必有餘殃」之說，至漢代流行的災變說及讖緯說，我國數千年來都認為天災，異常天象（自然現象），皆與一國或一地的施政者失德有關；下至家族、個人之盛衰，也都與一族一人之德行修養有關。因此，我國術數中除了吉凶盛衰理數之外，人心的德行修養，也是趨吉避凶的一個關鍵因素。

術數與宗教、修道

在這種思想之下，我國術數不單只是附屬於巫術或宗教行為的方術，又往往是一種宗教的修煉手段--通過術數，以知陰陽，乃至合陰陽（道）。「其知道者，法於陰陽，和於術數。」例如，「奇門遁甲」術中，即分為「術奇門」與「法奇門」兩大類。「法奇門」中有大量道教中符籙、手印、存想、內煉的內容，是道教內丹外法的一種重要外法修煉體系。甚至在雷法一系的修煉上，亦大量應用了術數內容。此外，相術、堪輿術中也有修煉望氣（氣的形狀、顏色）的方法；堪輿家除了選擇陰陽宅之吉凶外，也有道教中選擇適合修道環境（法、財、侶、地中的地）的方法，以至通過堪輿術觀察天地山川陰陽之氣，亦成為領悟陰陽金丹大道的一途。

易學體系以外的術數與的少數民族的術數

我國術數中，也有不用或不全用易理作為其理論依據的，如揚雄的《太玄》、司馬光的《潛虛》。也有一些占卜法、雜術不屬於《易經》系統，不過對後世影響較少而已。

外來宗教及少數民族中也有不少雖受漢文化影響（如陰陽、五行、二十八宿等學說。）但仍自成系統的術數，如古代的西夏、突厥、吐魯番等占卜及星占術，藏族中有多種藏傳佛教占卜術、苯教占卜術、擇吉術、推命術、相術等；北方少數民族有薩滿教占卜術；不少少數民族如水族、白族、布朗族、佤族、彝族、苗族等，皆有占雞（卦）草卜、雞蛋卜等術，納西族的占星術、占卜術，彝族畢摩的推命術、占卜術……等等，都是屬於《易經》體系以外的術數。相對上，外國傳入的術數以及其理論，對我國術數影響更大。

曆法、推步術與外來術數的影響

我國的術數與曆法的關係非常緊密。早期的術數中，很多是利用星宿或星宿組合的位置（如某星在某州或某宮某度）付予某種吉凶意義，并據之以推演，例如歲星（木星）、月將（某月太陽所躔之宮次）等。不過，由於不同的古代曆法推步的誤差及歲差的問題，若干年後，其術數所用之星辰的位置，已與真實星辰的位置不一樣了；此如歲星（木星），早期的曆法及術數以十二年為一周期（以應地支），與木星真實周期十一點八六年，每幾十年便錯一宮。後來術家又設一「太歲」的假想星體來解決，是歲星運行的相反，週期亦剛好是十二年。而術數中的神煞，很多即是根據太歲的位置而定。又如六壬術中的「月將」，原是立春節氣後太陽躔娵訾之次而稱作「登明亥將」，至宋代，因歲差的關係，要到雨水節氣後太陽才躔娵訾之次，當時沈括提出了修正，但明清時六壬術中「月將」仍然沿用宋代沈括修正的起法沒有再修正。

由於以真實星象周期的推步術是非常繁複，而且古代星象推步術本身亦有不少誤差，大多數術數除依曆書保留了太陽（節氣）、太陰（月相）的簡單宮次計算外，漸漸形成根據干支、日月等的各自起例，以起出其他具有不同含義的眾多假想星象及神煞系統。唐宋以後，我國絕大部分術數都主要沿用這一系統，也出現了不少完全脫離真實星象的術數，如《子平術》、《紫微斗數》、《鐵版神數》等。後來就連一些利用真實星辰位置的術數，如《七政四餘術》及選擇法中的《天星選擇》，也已與假想星象及神煞混合而使用了。

隨着古代外國曆（推步）、術數的傳入，如唐代傳入的印度曆法及術數，元代傳入的回回曆等，其中我國占星術便吸收了印度占星術中羅睺星、計都星等而形成四餘星，又通過阿拉伯占星術而吸收了其中來自希臘、巴比倫占星術的黃道十二宮、四大（四元素）學說（地、水、火、風），並與我國傳統的二十八宿、五行說、神煞系統並存而形成《七政四餘術》。此外，一些術數中的北斗星名，不用我國傳統的星名：天樞、天璇、天璣、天權、玉衡、開陽、搖光，而是使用來自印度梵文所譯的：貪狼、巨門、祿存、文曲，廉貞、武曲、破軍等，此明顯是受到唐代從印度傳入的曆法及占星術所影響。如星命術中的《紫微斗數》及堪輿術中的《撼龍經》等文獻中，其星皆用印度譯名。及至清初《時憲曆》，置閏之法則改用西法「定氣」。清代以後的術數，又作過不少的調整。

此外，我國相術中的面相術，手相術，唐宋之際受印度相術影響頗大，至民國初年，又通過翻譯歐西、日本的相術書籍而大量吸收歐西相術的內容，形成了現代我國坊間流行的新式相術。

陰陽學——術數在古代、官方管理及外國的影響

術數在古代社會中一直扮演着一個非常重要的角色，影響層面不單只是某一階層、某一職業、某一年齡的人，而是上自帝王，下至普通百姓，從出生到死亡，不論是生活上的小事如洗髮、出行等，大事如建房、入伙、出兵等，從個人、家族以至國家，從天文、氣象、地理到人事、軍事，從民俗、學術到宗教，都離不開術數的應用。我國最晚在唐代開始，已把以上術數之學，稱作陰陽（學），行術數者稱陰陽人。（敦煌文書、斯四三二七唐《師師漫語話》：「以下說陰陽人謾語話」，此說法後來傳入日本，今日本人稱行術數者為「陰陽師」）。一直到了清末，欽天監中負責陰陽術數的官員中，以及民間術數之士，仍名陰陽生。

古代政府的中欽天監（司天監），除了負責天文、曆法、輿地之外，亦精通其他如星占、選擇、堪輿等術數，除在皇室人員及朝庭中應用外，也定期頒行日書，修定術數，使民間對於天文、日曆用事吉凶及使用其他術數時，有所依從。

我國古代政府對官方及民間陰陽學及陰陽官員，從其內容、人員的選拔、培訓、認證、考核、律法監管等，都有制度。至明清兩代，其制度更為完善、嚴格。

宋代官學之中，課程中已有陰陽學及其考試的內容。（宋徽宗崇寧三年〔一一零四年〕崇寧算學令：「諸學生習……並曆算、三式、天文書。」「諸試……三式即射覆及預占三日陰陽風雨。天文即預定一月或一季分野災祥，並以依經備草合問為通。」

金代司天臺，從民間「草澤人」（即民間習術數人士）考試選拔：「其試之制，以《宣明曆》試推步，及《婚書》、《地理新書》試合婚、安葬，並《易》筮法，六壬課、三命、五星之術。」（《金史》卷五十一・志第三十二・選舉一）

元代為進一步加強官方陰陽學對民間的影響、管理、控制及培育，除沿襲宋代、金代在司天監掌管陰陽學及中央的官學陰陽學課程之外，更在地方上增設陰陽學課程（《元史・選舉志一》：「世祖至元二十八年夏六月始置諸路陰陽學。」）地方上也設陰陽學教授員，培育及管轄地方陰陽人。

（《元史・選舉志一》：「（元仁宗）延祐初，令陰陽人依儒醫例，於路、府、州設教授員，凡陰陽人皆管轄之，而上屬於太史焉。」）自此，民間的陰陽術士（陰陽人），被納入官方的管轄之下。

至明清兩代，陰陽學制度更為完善。中央欽天監掌管陰陽學，明代地方縣設陰陽學正術，各州設陰陽學典術，各縣設陰陽學訓術。陰陽人從地方陰陽學肄業或被選拔出來後，再送到欽天監考試。（《大明會典》卷二二三：「凡天下府州縣舉到陰陽人堪任正術等官者，俱從吏部送（欽天監），考中，送回選用；不中者發回原籍為民，原保官吏治罪。」）清代大致沿用明制，凡陰陽術數之流，悉歸中央欽天監及地方陰陽官員管理、培訓、認證。至今尚有「紹興府陰陽印」、「東光縣陰陽學記」等明代銅印，及某某縣某某之清代陰陽執照等傳世。

清代欽天監漏刻科對官員要求甚為嚴格。《大清會典》「國子監」規定：「凡算學之教，設肄業生。滿洲十有二人，蒙古、漢軍各六人，於各旗官學內考取。漢十有二人，於舉人、貢監生童內考取。附學生二十四人，由欽天監選送。教以天文演算法諸書，五年學業有成，舉人引見以欽天監博士用，貢監生童以天文生補用。」學生在官學肄業、貢監生肄業或考得舉人後，經過了五年對天文、算法、陰陽學的學習，其中精通陰陽術數者，會送往漏刻科。而在欽天監供職的官員，《大清會典則例》「欽天監」規定：「本監官生三年考核一次，術業精通者，保題升用。不及者，停其升轉，再加學習。如能黽勉供職，即予開復。仍不及者，降職一等，再令學習三年，能習熟者，准予開復，仍不能者，黜退。」除定期考核以定其升用降職外，《大清律例》中對陰陽術士不準確的推斷（妄言禍福）是要治罪的。《大清律例・一七八・術七・妄言禍福》：「凡陰陽術士，不許於大小文武官員之家妄言禍福，違者杖一百。其依經推算星命卜課，不在禁限。」大小文武官員延請的陰陽術士，自然是以欽天監漏刻科官員或地方陰陽官員為主。

官方陰陽學制度也影響鄰國如朝鮮、日本、越南等地，一直到了民國時期，鄰國仍然沿用着我國的多種術數。而我國的漢族術數，在古代甚至影響遍及西夏、突厥、吐蕃、阿拉伯、印度、東南亞諸國。

術數研究

術數在我國古代社會雖然影響深遠，「是傳統中國理念中的一門科學，從傳統的陰陽、五行、九宮、八卦、河圖、洛書等觀念作大自然的研究。……傳統中國的天文學、數學、煉丹術等，要到上世紀中葉始受世界學者肯定。可是，術數還未受到應得的注意。術數在傳統中國科技史、思想史，文化史、社會史，甚至軍事史都有一定的影響。……更進一步了解術數，我們將更能了解中國歷史的全貌。」（何丙郁《術數、天文與醫學中國科技史的新視野》，香港城市大學中國文化中心。）

可是術數至今一直不受正統學界所重視，加上術家藏秘自珍，又揚言天機不可洩漏，「（術數）乃吾國科學與哲學融貫而成一種學說，數千年來傳衍嬗變，或隱或現，全賴一二有心人為之繼續維繫，賴以不絕，其中確有學術上研究之價值，非徒癡人說夢，荒誕不經之謂也。其所以至今不能在科學中成立一種地位者，實有數因。蓋古代士大夫階級目醫卜星相為九流之學，多恥道之；而發明諸大師又故為惝恍迷離之辭，以待後人探索；間有一二賢者有所發明，亦秘莫如深，既恐洩天地之秘，復恐譏為旁門左道，始終不肯公開研究，成立一有系統說明之書籍，貽之後世。故居今日而欲研究此種學術，實一極困難之事。」（民國徐樂吾《子平真詮評註》，方重審序）

現存的術數古籍，除極少數是唐、宋、元的版本外，絕大多數是明、清兩代的版本。其內容也主要是明、清兩代流行的術數，唐宋或以前的術數及其書籍，大部分均已失傳，只能從史料記載、出土文獻、敦煌遺書中稍窺一鱗半爪。

術數版本

坊間術數古籍版本，大多是晚清書坊之翻刻本及民國書賈之重排本，其中豕亥魚魯，或任意增刪，往往文意全非，以至不能卒讀。現今不論是術數愛好者，還是民俗、史學、社會、文化、版本等學術研究者，要想得一常見術數書籍的善本、原版，已經非常困難，更遑論如稿本、鈔本、孤本等珍稀版本。在文獻不足及缺乏善本的情況下，要想對術數的源流、理法、及其影響，作全面深入的研究，幾不可能。

有見及此，本叢刊編校小組經多年努力及多方協助，在海內外搜羅了二十世紀六十年代以前漢文為主的術數類善本、珍本、鈔本、孤本、稿本、批校本等數百種，精選出其中最佳版本，分別輯入兩個系列：

一、心一堂術數古籍珍本叢刊

二、心一堂術數古籍整理叢刊

前者以最新數碼（數位）技術清理、修復珍本原本的版面，更正明顯的錯訛，部分善本更以原色彩色精印，務求更勝原本。并以每百多種珍本、一百二十冊為一輯，分輯出版，以饗讀者。

後者延請、稿約有關專家、學者，以善本、珍本等作底本，參以其他版本，古籍進行審定、校勘、注釋，務求打造一最善版本，方便現代人閱讀、理解、研究等之用。

限於編校小組的水平，版本選擇及考證、文字修正、提要內容等方面，恐有疏漏及舛誤之處，懇請方家不吝指正。

心一堂術數古籍珍本 整理 叢刊編校小組

二零零九年七月序

二零一四年九月第三次修訂

《三元地理真傳》提要

《三元地理真傳》四卷。[清]趙文鳴輯撰。原線裝。一冊。虛白廬藏清同治八年（一八六九）稿鈔本。未刊稿。後付另一種清同治四年（一八六五）《三元地理真傳》家傳鈔本。

趙文鳴（一七一六—一七八二），字宸漢，號清泉，上海浦東高行鎮人。府庠生。室號「青琅玕館」，詩、書、畫俱工。書法於王，畫宗於倪。有《清泉詩集》二卷，及《別集》二卷、《詠史》二卷、《週歲》一卷、《百花》一卷、《百鳥》一卷，於《海上墨林》及《中國美術家大辭典》有傳。晚年精研地理，乾隆四十一年（一七七六）輯《三元地理真傳》四卷、乾隆四十三年（一七七八）撰《三元地理考證》、乾隆四十四年（一七七九）撰《三元宅墓圖》一卷等書行世。乾隆五十五年（一七九〇）以侄秉沖貴，贈奉政大夫戶部山西司員外郎。

趙文鳴之弟趙文哲（一七二五—一七七三），字璞函，亦為著名文學家與詩人，乃「吳中七子」之一，於《清史稿》有傳。乾隆三十八年（一七七三），趙文哲於金川之役為國捐軀後，朝庭欽賜數丈高的帶斗旗杆樹於宅中，故世人稱此地為「趙家旗杆」，趙文鳴於《三元宅墓圖》中曾多次提及其宅墓。趙文哲死後，當時趙文鳴剛得訣後不久，乃依三元法扦葬其父及其弟。不出三年，趙文哲的兩個兒子即當高官。趙家旗杆趙氏老宅及趙氏多個族人的陰陽二宅也經趙文鳴所改造，直至一九九二年，才因上海浦東開發而被拆遷。趙氏一族後人官祿俱佳，歷二百餘年，興旺繁衍至今。其家族被譽為清代著名文化世家，歷代趙氏望族之一（張書學《歷代趙氏望族》）。

趙文鳴於《三元地理考證》中自述得「蔣公三元之秘」於「垂髫契友張醒癡」，又於《家傳秘冊》之〈三元秘旨要法〉中更詳言：「醒癡本從三合入手，後受業於華涇劉俊覺子。劉與汪云吾友善，盡得蔣公三元之秘。」據虛白廬藏汪云吾秘本：汪云吾乃乾隆年間上海堪輿名家，其師楊臥雲，號心一子，是蔣大鴻首徒張仲馨弟子。因此，趙文鳴確實屬於蔣大鴻嫡派真傳一脈，其傳承如下：蔣大鴻—張仲馨—楊臥雲—汪云吾—劉樂山—張醒癡—趙文鳴。

《三元地理真傳》四卷，乃趙文鳴輯錄合於三元法的十八種地理書而成，包括世傳九天玄女之《青囊海角權衡三字經》，黃石公《青囊經》，郭璞《葬書》，何令通《靈城精義》，楊筠松《青囊奧語》、《天玉經》、《都天寶照經》、《遍地鈴》（後覺子劉樂山註），曾公安《青囊序》，幕講禪師《玉鏡正經》，雲陽祖師《枕中記》、《八極神樞》，蔣大鴻《醒心篇》、《神火精》、《歸厚錄》（十八篇，沈億年註）、《玉函真義天元歌》、《天元餘義》，劉樂山《管窺編》，皆有識語以作點睛。後附趙文鳴自撰的《三元地理詩》一首、《三元地理考證》一篇，可為後學金針指南。其中以後覺子劉樂山撰於乾隆十年乙丑（一七四五）的《管窺編》，乃幾已盡洩蔣公三元地理之旨的秘本。

趙文鳴於《三元秘旨要法》中論述的三元玄空法，條理井然，至簡至要。全篇先述「源流」，以示地理正宗之學；次申「辨偽」，以闢托名支離之術；歸結「真傳」，以推重蔣公三元之法。繼而說「元運」，以明三元局龍水相對兼收之理；進而言「平洋」之水法吉凶、「山法」之山龍宜忌，及「陽基」之外勢內局，皆以合元運為生旺。再詳說「擇日」，此即七政四餘之天星選擇法，以盡堪輿之要。最後「自述」得傳始末，乃舉其父晴川及其弟璞函之墓為例，全以水龍作法立局，並附天星擇日用事。通篇雖只「撮取大略，但句句緊要，字字金針」，堪作入門津梁。

三元法自蔣大鴻《地理辨正》等著作於清初出世，廣泛流傳，然而由於蔣大鴻著作于三元具體口訣作法上秘而不泄，蔣氏門人（如張仲馨，駱士鵬、呂相烈，姜垚，胡泰徵，畢世持，沈億年）及其傳人，都不以此道為業，具體口訣作法除蔣氏嫡派真傳一脈外，可說是數百年來一直以來隱而不宣。晚清沈竹礽曾歸納當時影響較大六個三元玄空門派：無常派，滇南派，蘇州派，廣東派，上虞派，湘楚派，但是據六派公開的著作，六派都未有交代其師承傳自那位蔣氏門人。

而趙氏此篇，傳承真確，而且本是家傳，無意付梓，是此公開整理出版，大概是三百年來首篇文獻，較完整地對蔣氏嫡派真傳一脈的理、法、訣具體泄露的資料。通過趙氏此篇，可以窺知蔣大鴻三元法的本來面目，其實甚為活潑簡要，而又具有奇驗，並無後世玄空學的種種牽強煩瑣。即由趙氏的論述，亦可還源蔣公一脈推重水龍的風格，而益見本書的珍貴之處。

晚清三元玄空名家沈竹礽雖搜羅天下地堪輿秘本數百種以上，可是蔣氏嫡派張仲馨一脈秘本仍未曾見。直至沈氏再傳弟子申聽禪才搜羅秘本中，才稍稍得見張仲馨一脈訣法，對「沈氏玄空」內容的所訂正、深化及發展。如三元立局；又在選擇（擇日）上，改宗天星選擇（《沈氏玄空學》原提倡用紫白之法來代替天星選擇）等。見[民國]申聽禪《沈氏玄空吹虀室雜存》中所載張仲馨一脈口訣，同本書《元運龍水口訣三首》。以本書三元法訣再讀《沈氏玄空吹虀室雜存》中有關水龍作法、平洋局法，可解其秘。

讀者以本書跟《三元宅墓圖》附《家傳秘冊》同讀，再參《三元地理密錄》、《青囊一粟》、《地理辨正再辨》、《姚氏地理辨正圖說 附 地理九星并挨星真訣全圖 秘傳河圖精義等數種合刊》、《堪輿一覽》、《地理心法闡微》、《三元地理正傳》、《三元地學秘傳》、《三元玄空挨星四十八局圖說》、《三元天心正運》、《地理辨正發微》、《地理冰海》（原本及王元極增批本）、《地理辨正圖訣》、《三元真諦稿本——讀地理辨正指南》、《三元陽宅萃篇》等，當可領悟蔣氏三元玄空之奧秘。

虛白廬藏鈔本《三元地理真傳》於《歸厚錄》等篇有佚失，所以是次出版，除了原色修復出版虛白廬藏鈔本《三元地理真傳》外，後再附另一種《三元地理真傳》家傳鈔本，此本正是心一堂二〇〇九年曾以雙色宣紙精印限量出版的虛白廬主批點本的底本。兩本都是在上海一帶歷代秘傳，兩本序文內容不一，流傳各異，內容文字大致相同，偶有相異處，可以互較。

為令兩種稀見鈔本此不致湮沒，特以最新技術修復，精印出版，以供同道中人參考研究及收藏。

地理之書大都辭多隱約或獨抒己論往往不從淵源指示故學者莫由識其端倪焉今讀清泉趙公地理真傳一書溯自玄女三字青囊經始以迄華溪劉後覺子諸公擇其書之足備參考為地理正宗者一一選入其第四卷又將己之心得著為考證一篇趙公可謂源淵有自獨得心傳者也後之讀是書者庶可循序漸進得所指歸其有裨於初學為何如哉且趙公學成之後其為他人擇地而葬以致發福者年遠因不可得而知即觀其為乃弟暨乃父扦葬之後而簪纓挺發瓜瓞綿延歷至今書香不替其鍾毓正未有艾則趙公之學深明確切著其效驗足見信而有徵者矣余向有其書藏之已久爰經兵燹無存今於同邑鏡人鮑君處又得之亟為抄就并為之數語以誌失而復得之幸且以見趙書之足以啟發後學云爾時

同治八年桂月上浣　子匡印良弼謹誌

三元地理真傳序

堪輿之書。真偽雜出。淺見難分。余遍覽群書。知玄女三字經。黃石公青囊經。郭景純葬書。以及靈城精義。楊筠松青囊奧語。天玉經。都天寶照經。遍地鈴。曾公安青囊序。幕講禪師玉鏡經。雲陽祖師枕中記。八極神樞。蔣大鴻歸厚錄。天元歌。醒心篇。神火精真。溯源授受。一脈相傳。余特彙為一編。復作考證一篇。探本窮源。一一指出。并作三元地理詩一首。以附于末。洵堪為後學之金針。庶不致疑真惑偽。茫然莫所適從也。雖地理之書。合於三元者尚多。然不能盡載。惟俟善學者詳參博考。會歸於極可矣。是為序。

乾隆四十一年十月　上海趙文鳴字宸藻號清泉撰

三元地理真傳書目

青囊海角權衡三字经	九天玄女
青囊經	黃石公
葬書	郭璞景純
靈城精義	
青囊奧語	楊益筠松
天玉经	楊益
都天宝照经	楊益
遍地鈴	楊益
青囊序	曾求已公安
玉鏡正經	幕講禪師
枕中記	雲陽祖師
八極神樞	又
醒心篇	蔣平階大鴻
神火精	又
歸厚錄	又

玉函真義天元歌　又

管窺編　劉樂山

三元地理詩一百二十韵　趙文鳴宸藻

三元地理考證　又

水龍经

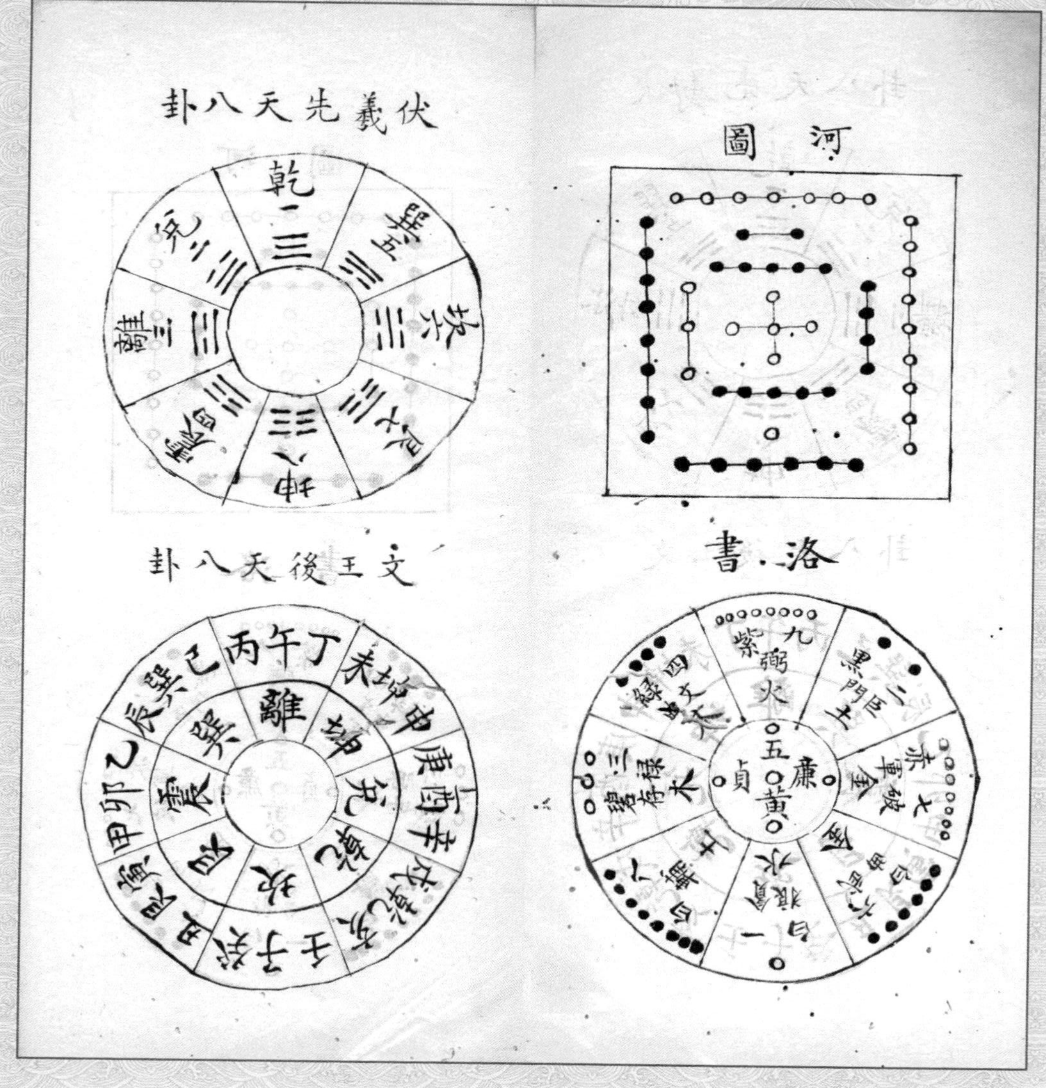
伏羲先天八卦
河圖
文王後天八卦
洛書

太陽出入圖

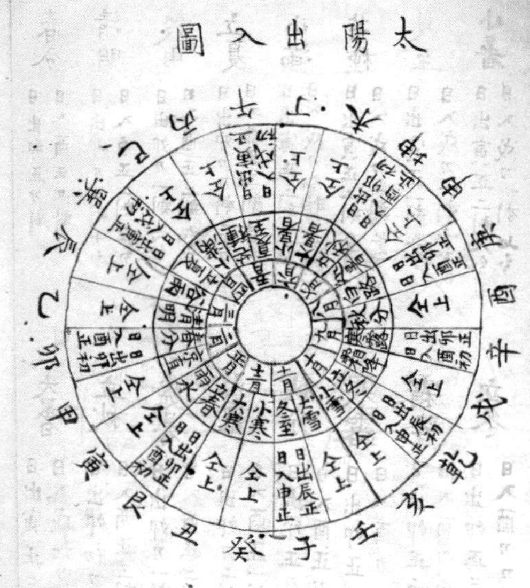

定太陽出沒歌訣 從玉匣記抄出

正九出乙入庚方
二八出兎入鷄鄉
三七發甲入辛地
四六生寅入戌方
五月生艮歸乾上
仲冬出巽入坤方
惟有十月十二月
出辰入申仔細詳

從協紀辨方書抄入

春分 日出卯正刀刻 日入酉正刀刻
清明 日出卯刀二刻十分 日入酉正一刻五分
穀雨 日出卯刀一刻六分 日入酉正二刻九分
立夏 日出卯刀刀刻三分 日入酉正三刻十二分
小滿 日出寅正三刻三分 日入戌刀刀刻十二分
芒種 日出寅正二刻八分 日入戌刀一刻七分
夏至 日出寅正一刻五分 日入戌刀一刻十分
小暑 日出寅正二刻八分 日入戌刀一刻七分

大暑 日出寅正三刻三分 日入戌初刀刻十二分
立秋 日出卯初刀刻三分 日入酉正三刻十二分
處暑 日出卯刀一刻六分 日入酉正二刻九分
白露 日出卯刀二刻十分 日入酉正一刻五分
秋分 日出卯正刀刻 日入酉正刀刻
寒露 日出卯正一刻五分 日入酉刀二刻十分
霜降 日出卯正二刻九分 日入酉刀一刻六分
立冬 日出卯正三刻十二分 日入酉刀刀刻三分

小雪 日出辰初二刻十二分 日入申正三刻三分
大雪 日出辰刀刀刻七分 日入申正二刻八分
冬至 日出辰初一刻十分 日入申正二刻五分
小寒 日出辰刀一刻七分 日入申正二刻八分
大寒 日出辰刀刀刻十二分 日入申正三刻三分
立春 日出卯正三刻十二分 日入酉刀刀刻三分
雨水 日出卯正二刻九分 日入酉刀一刻六分
驚蟄 日出卯正一刻五分 日入酉刀二刻十分

太陽躔度圖

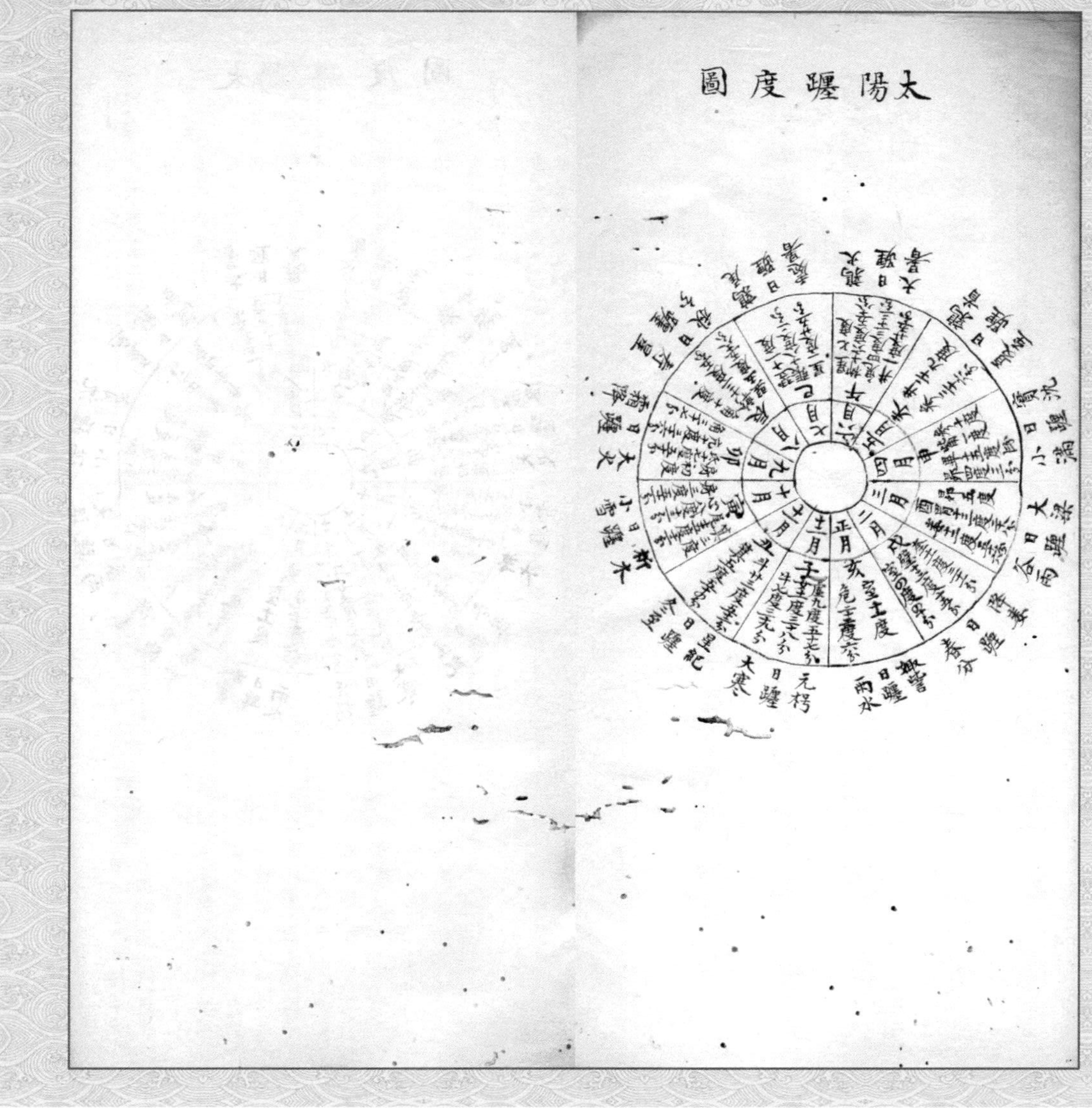

九天玄女青囊海角權衡三字經

正經

天德純。数乃遵。理順逆。萬機神。六甲運。五賊行。法五子。遁八門。佈雷。使。察金精。御五炁。攝九靈。鋤叛逆。超神英。

理氣經

位生民。奠宅靈。審卦氣。配九星。推三吉。合八門。地母變。上化升。長男震。下逆行。自然炁。定吉凶。

星巒經

方圓尖。動直行。峙逶迤。流平渟。四望歸。八方層。行怪異。秘内神。背幽關。迎陽明。

青囊三字經。世稱玄女所傳。其言雖誕。然簡而該。精而切。字字淵微。言言典則。即如理氣云。審卦炁配九星推三吉合八門。正示人必當乾坎艮震巽離坤兌後天之卦氣以配一白二黑三碧四綠五黃六白七赤八白九紫之星辰。又推三六一百八十年上中下三元得令之吉運。以合八卦上中下值旺之一門。只此十二字。而三元之旨已包括

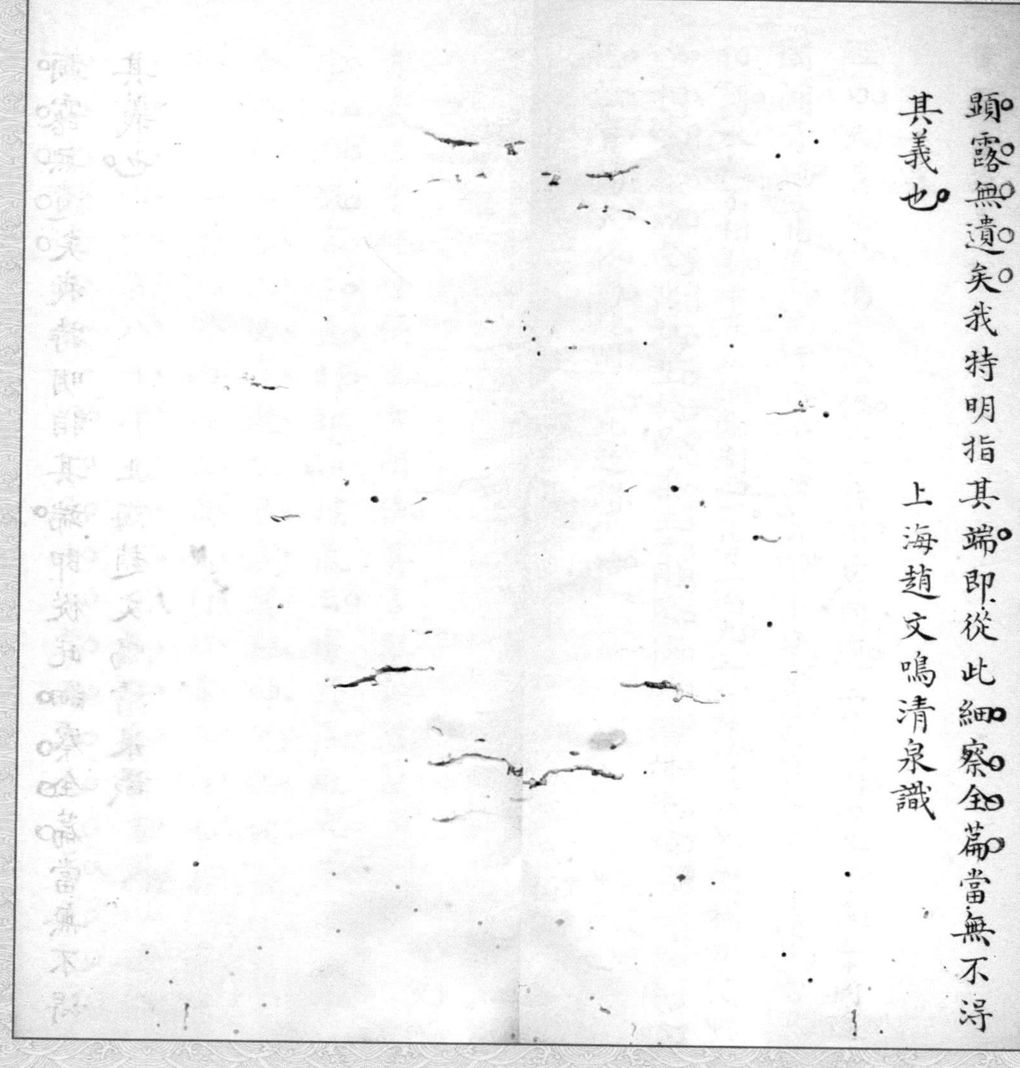

顯露無遺矣我特明指其端即從此細察全篇當無不得其義也

上海趙文鳴清泉識

黃石公授赤松子青囊經

上卷

經曰。天尊地卑。陽奇陰偶。一六共宗。二七同道。三八為朋。四九為友。五十同途。闔闢奇耦。五兆生成。流行終始。八體宏布。子母分施。天地定位。山澤通氣。雷風相薄。水火不相射。中五立極。臨制四方。背一面九。三七居旁。二八四六。縱橫紀綱。陽以相陰。陰以含陽。陽生于陰。柔生于剛。陰德洪濟。陽德順昌。是故陽本陰。陰育陽。天依形。地附氣。此之謂化始。

中卷

經曰。天有五星。地有五行。天分星宿。地列山川。氣行于地。形麗于天。因形察氣。以立人紀。紫微天極。太乙之御。君臨四正。南面而治。天市春宮。少微西掖。太微南垣。旁照四極。四七為經。五德為緯。運幹坤輿。垂光乾紀。七政樞機。流通終始。地德上載。天光下臨。陰用陽朝。陽用陰應。陰陽相見。福祿永貞。陰陽相乘。禍咎踵門。天之所臨。地之所感。形止氣蓄。萬物化生。氣感而應。鬼福及人。是故天有象。地有形。上下相須。而成一體。此之謂化機。

下卷

經曰。無極而太極也。理寓于氣。氣囿于形。日月星宿。剛氣上騰。山川草木。柔氣下凝。資陽以昌。用陰以成。陽德有象。陰德有位。地有四勢。氣從八方。外氣行形。內氣止生。乘風則散。界水則止。是故順五兆、用八卦、排六甲、布八門、推五運、定六氣。明地德、立人道、因變化、原終始、此之謂化成。

青囊經、推原天地開闢。河洛獻瑞。聖人仰觀象于天。俯觀察於地。天有日月星辰。地有山川河嶽。因而畫先天後天之卦。先天符于河圖而為体。後天符于洛書而為用。河圖洛書。非有二數。先天後天。亦無二氣。特先天對待。二氣相交。後天流行、八方分布。陰陽五根。剛柔兼濟。生生不息。物物化成。運有循環。事有興廢。氣感而應。禍福殊途。得時則旺。失令則衰。故終篇實指地理之要曰。地有四勢。氣從八方。乘風則散。界水則止。又云順五兆。用八卦。排六甲。布八門。推五運。定六氣。顯然告人以五星審象。八卦審位。六甲審年。八風審氣。五運審歲。六氣審令。而地理之矩矱盡於此矣。其為堪輿之鼻祖也宜哉。

清泉識

郭璞景純氏葬書

葬者乘生氣也五氣行乎地中發而生乎萬物經曰土形氣行物因以生

人受体于父母本骸得氣遺体受蔭經曰氣感而應鬼福及人是以銅山西崩靈鐘東應木華于春粟芽于室蓋生者氣之聚凝結者成骨死而獨留故葬者反氣納骨以蔭所生之法也

夫陰陽之氣噫而為風升而為雲降而為雨行乎地中而為生氣

丘隴之骨岡阜之支氣之所隨

經曰氣乘風則散界水則止故謂之風水風水之法得水為上藏風次之何以言之夫外氣所以聚內氣界水所以止來龍千尺之勢委宛頓息外無以聚內氣散于地中

經曰不蓄之穴腐骨之藏也夫噫氣為能散生氣龍虎所以衛區穴疊疊中阜左空右缺前擴後折生氣散于飄風經曰騰漏之穴敗槨之藏也

古人聚之使不散行之使有止

夫土者氣之体有土斯有氣氣者水之母有氣斯有水經曰外氣橫行內氣止生蓋言此也 言外必有水遶抱則土中之陽氣止而不行正表明平洋水龍之妙

夫氣行乎地中其行也因地之勢其聚也因勢之止葬者原其起乘其止地勢原脉山勢原骨委蛇東西或為南北千尺為勢百尺為形勢來形止是為全氣全氣之地

當葬其止　此承上生氣　極言山龍水龍之形勢　此是一句山龍一句水龍　相並書言
委宛自復回環重複若踞而候也若攬而有也欲進而却欲止而深来積止聚沖陽和陰土高水深
鬱草茂林貴若千乘富如萬金經曰形止氣蓄化生萬物為上地也　此專言水龍
氣之盛雖流行而其餘者猶有止雖零散而其深者猶有聚故藏于涸燥者宜淺藏于坦夷者
宜深經曰深淺得乘風水自成　首句是言水龍重支次句是言山龍分佶　藏涸燥者是指水龍　坦夷者是指山龍
夫崇崗疊阜群壟衆支當擇其特大則特小小則特大參形雜勢主客同情所不葬也夫支
欲伏于地中壟欲峙于地上支壟之止平夷如掌故支葬其巔壟葬其麓卜支如首卜壟
如足形勢不經氣脫如逐　此言平洋水龍岡壟不見地之法

地貴平夷土貴有支支之所起氣隨而始支之所終氣隨而鍾丸支之法隱隱隆隆微妙玄通吉在其
中經曰地有吉氣土隨而起支有止氣水隨而比勢順形動回復始終法葬其中永吉無凶
此專言平洋水龍之法
山者勢險而直也法葬其所會乘其所来審其所廢擇其所相避其所害禍福不旋日
是以君子奪神功改天命經曰葬山之法若呼谷中言應速也　此明言山法
山之不可葬者五氣以生和而童山不可葬也氣因形来而斷山不可葬也氣因土行而
石山不可葬也氣以勢止而過山不可葬也氣以龍會而獨山不可葬也經曰童斷石過
獨生新凶而消已福

上地之山若伏若連其原自天若水之波若馬之馳其來若奔其止若尸若懷萬寶而燕息若具萬膳而潔齋若橐之鼓若器之貯若龍若鸞或騰或蟠禽伏獸蹲若萬乘之藏也

天光發新朝海拱辰四勢端明五害不侵十一不具是為其次

此言真龍之形有此十五種美狀最為端嚴

首句言山龍陰陽相見結穴貴見之謂次句是言水龍止宿之謂四勢端明在四正之出皆有端方明秀之形五害不侵在是不犯童斷石過獨之五山十一在以十一兩字合成是土字具在土有凸形不具在是土無凸形也

占山之法以勢為難而形次之方又次之勢如萬馬自天而下其葬王者勢如巨浪重嶺疊嶂千乘之葬勢如降龍水遶雲從爵祿三公勢如重屋茂艸喬木開府建國勢如驚蛇曲屈徐斜滅國亡家勢如戈矛兵死形囚勢如流水生人皆鬼形如植冠永昌且歡形如覆釜其巔可富形如負扆有壟中峙法葬其止王侯崛起形如燕巢法葬其凹胙土分茅形如側罍後岡遠來前應曲回九棘三槐形如仰刀凶禍伏逃形如卧劍誅夷逼僭形如橫几子孫滅死形如覆舟女病男囚形如灰袋災舍橫害形如投筭百事昏亂形如亂衣妒女淫妻形類鼎葬皆非宜回在朝案法同忌之

此言山法吉凶形狀令人知之

經曰地有四勢氣從八方寅申巳亥四勢也坎離震兌乾坤艮巽八方也是

故四勢之山，生八方之龍，四勢行龍，八龍施生，一得其宅，吉慶貴榮。

此承上文四勢端的而言　此云得宅，在得真穴之謂也

夫葬乾者，勢欲起伏而長，形欲闊厚而方。葬坤者，勢欲連辰而不傾，形欲廣厚而長平。葬艮者，勢欲委蛇而順，形欲高峙而峻。葬巽者，勢欲峻而秀，形欲銳而雄。葬震者，勢欲緩而起，形欲聳而峩。葬離者，勢欲馳而窄，形欲起而崇。葬兑者，勢欲大來而坎垂，形欲方廣而平。葬坎者，勢欲曲折而長，形欲秀直而昂。

夫勢與形順者吉，勢與形逆者凶。勢凶形吉，百福希一；勢吉形凶，禍不旋踵。

此承上文八龍施生而言。如來勢不情而到頭之形雖吉，不過妾福，亦不受福。如來勢雖清

為吉，而剌破却是凶形，一葬受禍最速。此山龍水龍双關立言。

經曰：勢止形昂，前澗後岡，龍首之藏，鼻顙吉昌，角目滅亡，耳致侯王，唇死兵傷。宛而中蓄，謂之龍腹，其臍深曲，必後世福。傷其胸脇，朝穴暮哭。

此言葬要必因形勢以定

夫人之葬，蓋亦難矣。夫壠之骨，眩目乱心，禍福之差，侯虜有間。土圭測其方位，玉尺度其遠邇，乘金相水，穴土印木，外藏八風，內秘五行，龍虎衛抱，主客相迎，微妙在智，觸類而長，玄通陰陽，功奪造化。

此言山龍水龍之察，必用羅盤格其方位

夫土欲細而堅，潤而澤，截肪切玉，備具五色。夫乾如聚粟，溼如封肉，水泉砂礫，皆為凶宅。

盖穴有三吉葬有六凶天光下臨地德上載藏神合朔神迎鬼避一吉也陰陽沖和五
土四備二吉也目力之巧功力之具趋全避缺增高益下三吉也陰陽差錯為一凶歲时
乖戾為二凶力小圖大為三凶凭福恃勢為四凶僭上逼下為五凶變应怪見為
六凶従曰依吉葬凶与棄尸同

夫葬以左為青龍右為白虎前為朱雀後為玄武玄武垂頭朱雀翔舞青龍
蜿蜒白虎馴頫形势反此法当破死故虎蹲謂之啣尸龍踞謂之嫉主玄武不垂
頭者謂之拒尸朱雀不翔舞者謂之騰去（此言山龍前后左右之砂有吉形有凶形示人详）
夫以支為龍者来止跡乎岡阜要如肘臂謂之環抱（凡以為取舍之用也）

此言水龍之危原即左岡阜其形跡要如肘臂之环抱

以水為朱雀者衰旺係乎形应忌夫湍急謂之悲泣

以水穴前有水搁抱故以前水称為朱雀有环抱形势謂之旺反是謂之衰

朱雀源于生气派于未盛朝于大旺澤于将衰流于囚謝以返不绝法每一折潴
而後泄揚之悠之顧我欲留其来無源其去無流経曰山来水回贵寿豐財山囚水
流虜王滅侯

此承上文水為朱雀細言水龍形势故以水之出口指為朱雀

葬書即青囊青烏二經之注疏也故其中引用甚多至其發古理玄奥該言

簡固非後人所能及也如乘生氣三字包括葬法勢止二字包括穴法形動害包括支法百動非宜包括山法衰旺形應包括向法水法特世人誦其書而知之者少其引用青囊地有四勢氣從八方之語即為之注云寅申巳亥四勢也坎離震兌乾坤艮巽八方也四勢行龍八龍施生明指陰陽天八卦為入用之法以承青囊用八卦之旨也又云朱雀源于生氣派于未盛朝于大旺澤于將衰流于囚謝以返不絕味其語意不過申明上文當旺之時自有生氣激之以至于大旺及其將衰又必流于囚謝此天地之運有循環有旺必有衰有衰必有旺故又云以返不絕此又疏明青囊排六甲之紀年審運也何見淺者忽將生氣改為長生大旺改為帝旺將衰解曰木金衰并將冠帶臨官貼未盛死病墓絕貼囚謝胎養貼不絕而中間却遺去沐浴而不知況生氣二字即兩首乘生氣之生氣其中並無長生二字之意如果以生氣為長生冠帶臨官為未盛郭公何不於乾葬坤葬艮葬巽葬之明之指出豈八卦可以明言而長生沐浴獨不可以顯示耶郭公初未有長生十二位之說而于心也三合之誤人不亦甚歟

清泉趙文鳴識

靈城精義 一名鐵彈子

形氣章

宇宙有關會。氣運為主。山川有真性情。氣勢為先。地運有推移。而天氣從之。天氣有移徙。而地運應之。天氣動于上。而人為應之。人為動于下。而天氣從之。夫星有聚嘯行嘯坐嘯。則氣聚于龍。有權星。弔星。雄星。則氣聚于勢。有蓋胎夾胎。秉胎。則氣聚于穴。有收襟收堂。收關。則氣聚于局。陰勝逢陽則止。陽勝逢陰則住。雄龍須要雌龍輔。雌龍須要雄龍護。大地亦形看氣概。小地亦勢看精神。水成形山上止。山成形水中止。認氣于大父母。看其息星。認氣于真子息。看主星。認氣于方交媾。看胎伏星。認氣于成胎育。看胎息星。認氣于化煞為權。看解星。認氣于絕處逢生。看恩星。認龍之氣以勢。認穴之氣以情。龍備五行之全。故山之形體象龍之變化。挽神故山之變換象龍之體。純于陽。故山逢陽而化。遇陽而生。龍之情喜乎水。故山夾水為界。得水而住。龍之行御乎風。故山秉風而騰。藏風乃歇。龍必得窠乃棲。故山以有局有關而聚。以無局無關而散。龍凡遇物則配。故山以有配有合而止。以無配無合而行。辨龍生死。須分三陰三陽。辨穴生死。須識陽多陰少。龍有變體。或為頓住勒住。穴有變格。則為墜宮篡宮。星體有正有輔。兼襯貼之宜辨。穴情有顯有晦。形氣影之宜求。蓋帳不開。龍不窠。輪暈不重。復穴不住。東咽不細。氣不聚。泥丸不滿氣不充。五星不離水土倚。九星常要輔弼隨。土星不可倚。五星皆有撞。火木不可蓋。水土豈能粘。坐宕坐煞坐旺。是為坐法。全胎保胎破胎。是為作法。挨生傍氣。或為脫殼借胎。或是子投母腹。脫煞逢生。或為借母養子。或是以子救母。脫龍就局納前托。只為半假半真。撩山劈刀硬受平基。祇為直來直受。平陽之氣。常舒常散。須要湯中浮酥。山龍之氣。常急常斂。當看水面盤蛇。沒水之牛。氣仰而吹。宜乘其急。出洞之龍。氣直而吐。宜乘其孫。精華外露之氣如花。宜葬其皮。精華內蘊之氣如菓。宜葬其骨。龍穴有陰陽。砂水亦有陰陽。龍穴有生死。砂水亦有生死。氣有虛實。法當以實投虛。以虛乘實。氣有先後。法當先到先收。後到後收。傍城借主。須詳審乎槩托。就向扨龍。當消息乎明堂。點穴須求三靜一動。認氣須要百死一生。有稜有弦則形成。若湧若突則氣到。認雌乎認脈。葬脈之葬氣。法葬之葬法在形裡。會意之葬意在形表。龍之貴賤以格辨。龍之正變以祖辨。龍之大小以幹辨。龍之去住以局辨。龍之偏正堂辨。龍之真假以座辨。是故同龍論局。同局論堂。同堂論座。出星不忌夾雜。只要有胎有化。吉曜維出雄猾。亦要有精有神。陵谷變遷。山川改色。造化固自有時。控制山川。打動龍神。栽成須自有法。

理氣章

地之精氣以星光為精氣地之吉凶以星光為吉凶用先天以統龍當詳究乎四龍天星用後天以布局宜細察乎三盤卦例以龍定穴須審入路陰陽以水定向須看歸路陰陽入首入手則龍與脉之由辨分金分經則來與坐之由分脉看左右旋則脉可辨真偽氣審左右加則氣可別純濁龍脉有順逆來氣自當有辨五行有顛倒作用各自有法氣有乘本脉而不容他雜者氣有借旁脉而可隔山取者氣有合初分脉而不為遙遠氣有串渡峽脉而不為邀截主穴之尺寸之移受氣有耳腰之異分金有轉移之巧氣線之毫髮之差中氣當避乘氣故取三七放棺旺氣宜乘分金亦取三七加向脉不直而氣直何畏直來直受氣不斜而棺斜乃為正貫正承龍以脉為主穴以向為尊水以向為定向以局而分來路看四生坐下看四絕局內看三合向上看雙金制殺莫如乘旺脫煞莫逢生從煞乃化為權西煞正泉迎宮客水客砂尚可招邀取氣真夫真婦猶嫌半路相逢陰用陽朝陽用陰朝合之固眷屬一家山運收山水運收水分之亦互為生旺主有主氣內宜秘乎五行堂有堂氣外宜親乎四勢龍為地氣當從骨脉實處窺其內而注之水為天氣當從向方虛處窺其外而引之在天成象在地成形同一氣故天象太陽為尊而地法廉貞為祖同以火星為吉象之宗象分吉凶形分禍福同一域故星光歲星為德而地法貪狼為貴同以木星為吉象之率究天

一陰一陽對待為主故四龍天星惟取相配陰与陽合陽与陰合後天分陰分陽致用為主故八方坐向可借為配坐陽收陰坐陰收陽先後二天先為体而後為用貴通其變陰陽二氣陰非貴而陽非賤在適其宜地以八方定位正坤道之權輿故正子正午為地盤居内以應地之實天以十二分野正躔度之次舍故壬子丙午為天盤居外以應天之虛

首篇開口云宇宙有大關會氣運為主可見天地自有推移歲時自有旋轉人自有興廢斷非長生旺墓一定不易之板法也只此一語居然破的次篇開口云用先天以統龍当詳究乎四龍天星用後天以布局宜細察乎三盤卦例可見地理祇用八卦先天統龍後天布局三盤者乃上中下三元之卦也故云卦例結云地以八方定位正坤道之權輿故正子正午為地盤居内以應地之實天以十二分野正躔度之次舍故壬子丙午為天盤居外以應天之虛上四句明指子午卯酉乾巽艮坤以定地之八方故曰地盤顯然為擇地明用故云正坤道之權輿居内以應地之實下四句明指壬子丙午二字一連以按天之十二宮故云天盤顯然為擇日明用故云正躔度之次舍居外以應天之虛安有正針縫針之别用龍立向消砂納水之分乎

清泉識

楊益筠松氏青囊奥語原本

坤壬乙。巨门從頭出。艮丙辛。位位是破軍。巽辰亥。盡是武曲位。甲癸申。貪狼一路行。左為陽子癸至亥壬。右為陰。午丁至已丙。雌与雄交會合元空。雄与雌元空卦内推。山与水須要明此理。水与山。禍福盡相関。明元空。只在五行中。知此法。不須尋納甲。顛顛倒二十四山有珠寶。順逆行二十四山有火坑。認金龍一經一緯義不窮。動不動直待高人施妙用。第一義要識龍身行与止。第二言來脉明堂不可偏。第三法傳送功曹不高壓。第四奇明堂十字有元微。第五妙前後青龍兩相照。第六秘八國城門鎖正氣。第七奥要向天心尋十道。第八裁屈曲流神認去來。第九神任他平地与青雲。第十真若有一缺非真情。明倒杖卦坐陰陽何必想。識掌模太極分明必有圖。知化氣生尅制化須熟記。說五星方圓尖秀要分明。曉高低星峰須辨得元微。鬼与曜生死去来真要妙。向水坐

旺有吉休囚否。二十四山分五行。知得榮枯死与生。翻天倒地對不同。其中秘密在元空。認龍立穴要分明。在人仔細辨天心。天心既辨穴何难。但把向上放水看。從外生入名為進。定知財寶積如山。從内生出名為退。家内錢財皆盡廢。生入尅入名為旺。子孫高官盡富貴。脉息生旺要知因。龍歇脉寒災禍侵。縱有他山来救助。空勞禄馬護龍行。勸君再把星辰辨。吉凶禍福如神見。識得此篇真妙微。又見郭公再出現。

評註附見卷末考證内兹不備録

楊益筠松氏天玉經

內傳上

江東一卦從来吉八神四個一江西一卦排龍位八神四個二南北八神共一卦端的應無差
二十四龍管三卦莫与時師話忽然知得便通仙代代鼓騈闐天卦江東掌上尋知
了值千金地畫八卦誰能會山与水相對父母陰陽仔細尋前後相兼定前後相兼
兩路看分定兩邊安卦內八卦不出位代代人尊貴向水流歸一路行到處有声
名龍行出卦無官貴不用勞心計只把天醫福德裝未解見榮光倒排父母蔭龍
位山向同流水十二陰陽一路排揔是卦中来關天關地定雌雄富貴此中逢翻天倒
地對不同秘密在元空三陽水向盡源流富貴永無休三陽六秀二神當立見入朝
堂水到玉階官便至神童狀元出印綬若然居水口玉街近台輔鼕鼕鼓角隨流水艷
艷紅旗貴上按三才并六建排定陰陽算下按玉輦捍門流龍去要回頭六建
分明號六龍名姓達天聰正山正向流支上寡夭遭刑杖共路兩神為夫婦認取
真神路仙人秘密定陰陽便是正龍岡陰陽二字看零正坐向須知病若遇正神
正位裝撥水入零堂零堂正向須知好認取来山腦水上排龍點位裝積粟
萬餘倉正神百步始成龍水短便遭凶零神不同長和短吉凶不同斷父母排来
到子息須去認生尅水上排龍點位分兄弟更子孫二十四山分兩路認取五行主龍中
交戰水中裝便是正龍傷前面若無凶交破莫斷為凶禍凶星看在何宮頭仔細認
踪由先定来山後定向聯珠不相放須知細覓五行踪富貴結金龍五行若然翻
值向百年子孫旺陰陽配合亦同論富貴此中尋東西父母三般卦算值千金價
二十四路出高官緋紫入長安父母不是東為好無官只豪富父母排来看左右

向首分休咎變山變向水零神富貴永無貧若遇正神須敗絕五行當分别陽向一神仲子當千萬細推詳若行公位看順逆接得方奇特宮位若来見逆龍男女失其蹤更看父母下三吉三般卦第一

內傳中

二十四山起八宮貪巨武輔雄四邊盡是逃亡穴下後令人絕惟有挨星為最貴泄漏天機秘天机若然安在內家活当富貴天机若然安在外家活漸退敗五星配出九星名天下任横行干維乾艮巽坤壬陽順星辰輪支神坎震離兌癸陰卦逆行取分定陰陽歸兩路順逆推排去知生知死亦知貧留取教兒孫天地父母三般卦時師未曾話元空大卦神仙說本是此經訣不識宗支但乱傳開口莫胡言若还不信此經文但覆古人墳分却東西兩個卦會者傳天下學取仙人經一宗切莫乱談空五行山下看来由入首便知蹤分定子孫十二位災禍相連值千災萬禍少人知尅者論宗枝五行位中出一位仔細秘中記假若来龍骨不真從此誤千人一個排来千百個莫把星辰錯龍要合向〻合水〻合三吉位合祿合馬合官星本卦生旺尋合凶合吉合祥瑞何法能趨避但看太歲是何神立地見分明成敗定斷何公位三合年中是排星仔細看五行看自何卦生来山八卦不知蹤八卦九星空順逆排来各不同天卦在其中甲庚壬丙俱屬陽順推五行詳乙辛丁癸俱屬陰逆推論五行陰陽順逆不同途須向此中求九星變起雌雄異元竅真妙處東西二卦真奇異須知本向水本向本水四神奇代〻着緋衣水流出卦有何全一代作官員一折一代為官祿二折二代福三折父母共長流馬上錦衣遊馬上斬頭水出卦代為官罷直山直水去無翻場務小官班

内傳下

乾山乾向水朝乾。乾峰出狀元。卯山卯向迎源水。驟富石崇比。午山午向午來堂。大將值邊疆。坤山坤向水坤流。富貴永無休。辨得陰陽兩路行。五星要分明。泥鰍浪裡跳龍門。渤海便翻身。依得四神為第一。官職無休歇。穴中八卦要知情。穴內卦裝清。要求富貴三般卦。出卦家貧乏。寅申巳亥水來長。五行向中藏。辰戌丑未叩金龍。動得永無窮。若還借庫富後貧。自庫樂長春。大都星起何方是。五行長生旺。大旆相對起高岡。職位在學堂。捍門官國華表起。山水亦同例。水秀峰奇作大官。四位一般看。坎離水火中天過。龍墀移帝座。寶蓋鳳閣四維朝。宝殿登龍樓。罡劫弔煞休犯着。四墓多銷鑠。金枝玉葉四孟裝。金箱玉印藏。帝釋一神定縣府。紫微同八武。排到父母養龍神。富貴萬餘春。識得父母三般卦。便是真神路。北斗七星去打劫。離宮要相合。子午卯酉四龍岡。作祖人財旺。水長百里佐君王。水短便遭傷。識得陰陽兩路行。富貴達京城。不識陰陽兩路行。萬丈火坑深。前兼龍神前兼向。聯珠莫相放。後兼龍神後兼向。排定陰陽算。明得零神與正神。指日入青雲。不識零神與正神。代代絕除根。倒排父母是真龍。子息達天聰。順排父母到子息。代代人財寂。一龍宮中水便行。子息受艱辛。四三二一龍。逆去四子均榮貴。龍行位遠主離鄉。四位發經商。時師不識挨星學。只作天心摸。東歸財穀歸西北。到南方推老龍。終日卧山中。何嘗不易逢。止是自家眼不的。亂把山岡覓。世人不知天機秘。洩破有何益。汝今傳得地中仙。元空妙難言。翻天倒地更玄玄。大卦不易傳。更有收山出煞訣。亦兼為汝說。相逢大地能幾人。個個是知心。若還求地不種德。穩口深藏舌。

評註附見卷末考證內從不錄

楊益筠松氏都天寶照経

上篇

楊公妙應不多言實實作家傳人生禍福由天定賢達能安命貧賤安墳富貴興全憑龍穴真龍在山中不出山掛在大山間若是砂曲星辰正收以陽神定斷然一葬便興隆父蔭子孫榮一好龍脫劫出平洋百十里來長離祖離宗星辰出此是真龍骨前途節節出兒孫文武脈中分直見大溪方住手諸山皆不走個個回頭向穴前城郭要周完水口亂石堆水中此地出豪雄若以遠來龍脫劫貴福無休歇穴見陽神三摺朝此地出官僚不問三男并五子富貴房房起津湖溪澗同此看衣祿榮華斷大水大河齊列要千里來龍住水口羅星鎮住門和屯大將軍立後頭定有一星形非水土即金正脈從平三五里見水方能止二水相交不用砂只要石如麻更看硤石高山鎮密密來包裹此是軍州大地形細說與君聽天下軍州總住空何曾撐着後頭龍只向水朝龍處取莫說後來主立穴動靜中間求須看龍到頭楊公妙訣無多說因見黃生心性拙全憑掌上起星辰類聚裝成為妙訣大山喚作破軍星五星聚脈難分但看出身一路脈到頭要分水土金又從分水脈脊處便把羅經照出路節節同行過峽真前去必定有好處子字出脈子字尋莫差錯差丑與壬若是陽差與陰錯勸君不必枉勞心子癸午丁天元宮卯乙酉辛一路同若有山水一同到半穴乾坤艮巽宮取以輔星成五吉山中有此是真龍辰戌丑未地元龍乾坤艮巽夫婦宗甲庚壬丙為正向脈取貪狼護正龍寅申巳亥人元來乙辛丁癸水來催更取貪狼成五吉寅坤申艮御門開巳丙宜向天門上亥壬向以巽風吹貪狼原是歲來座坐向穴中人未知立宅安墳遇丙方生貴

貴子好男兒。立宅安坟要合龍。不須擬对好青峰。主人有礼客尊重。客在西兮主在東。

中篇

天下軍州總住空。何須撑着後來龍。時人不識元机诀。只道後頭少撑龍。大凡軍州
住空龍。便与平洋墓宅同。州縣人家住空龍。千軍萬馬悉能容。分明見者杭疑
憲龍。不空時。必流龍。若只看取州縣墻。差是空龍撥擺蹤。莫嫌遠來是後龍。龍。
若空時。氣不空。兩水界龍連生屋。穴卯水兮何畏風。但看吉來卿相地。平洋一穴
勝千峰。一子午卯酉四山龍。坐对乾坤艮巽宮。莫依八卦陰陽取。陰陽差錯敗無窮。
百二十家渺之訣。此訣玄机大祖宗。來龍須要望龍穴。若後空時必有功。帝座帝車
並帝位。帝宮帝殿波当空。万代侯王皆禁断。而今隱出在江東。陰陽若能此過
此虹蜺逢之便化龍。一子午卯酉四山龍。支兼干出最豪雄。乙辛丁癸单行脉。
吉之時。又半凶。坐向乾坤艮巽位。兼輔而成五吉龍。一辰戌丑未四山坡。甲庚壬丙巽坎乡。
若依此理差差謬。清貴聲名天下差。為官自有起身路。兒孫白屋出登科。八卦
不是真妙訣。時師休把口中歌。敗絶只因用卦安。何見依卦出高官。陰山陽水皆
真吉。下後兒孫禍百端。水若朝來須得水。莫貪遠秀好峰巒。審龍若依圖訣看。
官職崇華立可觀。一元机妙訣有因由。向指山峰細細求。起造安坟依此訣。能令發
福出公侯。真向支山尋祖脉。干脉下穴永无憂。寅申巳亥騎龍走。乙辛丁癸水交流。
若有此山并此水。白屋科名發不休。昔日孫鍾扦此穴。從此聲名表万秋。來龍
須看坐正穴。後若空時必有功。州縣官衙為格局。必然清顯立威雄。范蠡蕭何
韓信祖。乙辛丁癸是財豐。亥壬犟龍興祖格。巳丙旺相一般同。寅申巳亥等五吉。
乙辛丁癸四位通。紫绯畫錦何崇顯。三姓五县都受王封。龍回朝祖。玄字水科名榜眼

及神童後空已見前篇訣穴內要審鉗脈到宮詰看州倍及甚已阪那使龍着後來

龍砂揖水朝為上格羅城擁衛穴中倍依圖取向毫差謬不是王侯即相公天机妙訣本不同八卦只有一卦通乾坤艮巽躔何位乙辛丁癸落何宮甲庚壬丙來何地星辰流轉要相逢莫把天罡稱妙訣錯將八卦作先宗乾坤艮巽出官貴乙辛丁癸田庄位甲庚壬丙最為榮下后兒孫出神童未審何山滴此水合得天心造化工五星一訣非真術城門一訣最為良識得五星城門訣立宅安墳定吉昌堪笑庸愚多慕此妄將卦例定陰陽不向龍身觀出脈又泥砂水都宊祥筠松宝照真秘訣父子雖親不肯說若人得遇是前緣天下橫行陸地仙世人只愛週迴妙不知水乱山顛倒時師但云講八卦却把陰陽分兩下陰山只用陽水朝陰水只用陽山收俗夫不識天机妙自把山龍錯顛倒胡行乱作害世人福未到時禍先到陽若至陰定不成陰若差陽定不生陽水陰山相配合兒孫天府早登名都天大卦總陰陽翫水觀山有主張能知山情與水意配合方可定陰陽一都天宝照是人得逢山踏路尋龍脈前頭尋到五里山過着賓主相交接欲求富貴頃時來記取筠松真妙訣一天有三奇地六儀天有九星地九宮十二地支天干十干房陽兮支房陰時師未諳這般訣誤君陷浮世上人陰陽動靜如明得配合生生妙處尋

下篇

尋得真龍虎飛水城屈曲抱身帰前朝旗鼓馬相應下後離鄉着紫衣宗水纏左穴前下砂收鎖穴天然當中九曲來朝穴悠揚瀦蓄斗量錢兩畔朝帰穴後歇定然龍左水中蟠若有聲為穀錢水催官上馬御街前安墳最要看中央寛抱明堂水聚囊裹出交結成玄字樣朝鳶暮鳳呈祥外陽趁眼人皆見乙字

灣身玉帶長更有四陽坐穴法神机出處不見仙方水直朝来最不祥一條直是一條鎗
兩條名為捶脇水三條云是三刑傷四水射来為四殺八水名為八殺殃直来反去拖刀殺徒
流容水少年亡時師只說下砂逆禍來極速急地當墜圳路街ㄦ此樣亟宜过改免
災殃前水来朝又擺頭淫邪凶悪不知羞乾流自是名繩索自縊因公敗可憂左边水反
長房死右边水射小兒亡水直若然當面射中子離鄉死道旁東西南北水射腰房房橫
死絕根苗貪淫男女風聲惡曲背馳腰家寂寞左边水反長房死離鄉忤逆皆因此
右边水反小兒傷風吹婦女随人走當面水反中男當敗定二房有死傷左右中反房房
總切忌坟堂遭此劫一水裏頭名斷城下下雖發未為榮兒孫久後房房絕水到砂收
反主興茶槽之水実地憂莫作蔭龍一例求穴前太逼割唇脚不見榮華反見悲元武
擺頭有多般未可慳然執一端或斜或側或正出須憑直節到堂安擺頭直出是分龍
須取何家龍脈蹤大山出脈分三訣未許專將一路窮家家坟宅後高懸太陽不
照太陰偏必主其家多寂寞男孤女寡実堪嗟貪武輔弼巨門龍方可登山細認蹤水
去山朝皆有地不離五吉在其中破祿廉文凶悪龍世人坟宅莫相逢若然誤作陰陽宅縱
有奇峰到底凶一本山来龍立身向返吟伏吟禍難當自縊離鄉龍虎害作賊充軍上
法場明得三星五吉向轉禍為祥大吉昌一龍真穴正誤立向陰陽差錯悔吝生殺回奔
走赴朝廷總到朝廷帝怒形緣師不晓龍何向坟頭下了剝官星尋龍過氣尋
三節父母宗枝要分別孟山須要孟山連仲山須要仲山接干奇支偶細推詳節節照宗
何脈良若是陽差与陰錯縱吉星辰發不長一節吉龍一代發此逢雜乱便參商生
識龍脈認祖宗蜂腰鶴膝是真蹤要知吉地行龍止兩水相交夾一龍夫婦同行脈路
明須認劉郎別處尋平洋大水收小水不用砂湖發福久水口石似人物形定出擎

天調是臥一龍若直來不帶閑支兼干出是福山立得吉向無差誤催祿催官指日間一乾坤艮巽脉過四節節同行不混淆向對甲庚壬丙水兌孫裂土更分茅仲山過脉不帶閑三節山水同列前斷定三代出官貴古人準驗無虛言一般龍多向支神取若是干神又不同支若載干為夫婦干若帶支是鬼龍子癸為吉壬子凶三字真假在其中乾坤艮巽天盤穴水來當面是真龍要識真龍結真穴只在龍脉兩三節三節不乱是真龍有穴定然奇妙絕千金難買此玄文福緣遇着毋輕洩依圖立向不差分榮華富貴無休歇時師不明勉強扦雖發不久終敗絕一個星辰一節龍節節来長短定枯榮孟仲季山無雜亂數產人龍上九重節數多時富貴久一代同光一節龍

評註畧附卷末考證同茲不錄

楊益筠松氏遍地鈴　華溪後覺子劉樂山註

遍地鈴遍地鈴神仙妙訣要君傳點穴須明真帶假節苞珠乳及窩鉗浪花漾月好中妙雲外飄形玄又玄

此一節說穴地真帶假謂似是而非毫釐千里之辨也節苞珠乳及窩鉗本山龍穴法今言水穴蓋水穴之形初無異于山穴也浪花漾月者謂水乃陰中真陽所以滋育真龍養蔭太極者故必水城抱繞方為結穴之區又必深蓄澗大方得光芒四射我穴其圍水光蕩漾如浪花之漾月故曰妙中妙也雲外飄形者世但知山地則以山之起頂落脈為來龍平洋則以水之枝幹相乘為來龍而不知此皆龍之雌者而非龍之雄者皆龍之所自來而非即此是龍也蓋龍乃天陽之氣無形可見無跡可尋惟地之陰有以感名夫天之陽斯天之氣從空而來附乎地之形故曰雲外飄形玄又玄也二句言陰陽交媾方成太極楊公因上文節苞珠乳之句恐人誤向实地上尋求故急接此二句真精微玄渺之文也

問君何者謂之穴動靜其中生閃節水边花發水中紅窗外月明窗內白

此節言穴法形靜而氣動而空之動之靜之間化机出焉所謂玄牝之门是為天地根故曰動靜其中生閃節閃節者結穴水边花發二句是裁穴之法蓋穴不離水即天元歌沾著水痕扦貼向陰陽交度自生真春之意上句言亮影照水下句言水光接穴神火精回暑識火之構其光上下四旁皆有芒太近太遠光不接之所以無像百物昌真穴法之要妙也

只為識龍不識穴腦氣下了之時兒孫絕更有識穴不識龍尖腦下了家計似懸

鐘

此節從穴說到龍

平洋大地人不識或在水边或在石或在平田或在泥或在沙洲与堆積乘風氣散主人

離水遠羅城方是吉

無水則八面皆風水繞則八風息

天下州城住向空何曾撑著後頭龍今人不合古人法誰道後頭無好峰州縣

人家若怕此千门万户怎生容無明見者生疑惑不下空龍下死龍死龍曾

佃空龍活龍動之時天地溜不信但看州縣場是空龍活潑潑潭州方貝八

百里十万人家是張西不然也去討多龍所以难言空處空衛在周回四十里南山

靠在西湖尾家家空住向前塘不信龍從何處起

宋胡安國曰地上空處是邦天也故一山上聳(陰交陽)●地之上入乎天一河下陷(陽交陰)天之下

入乎地世人但見為空不知是天故不知空中有氣空之為龍也抑知空實之者

一氣貫通在空則無形為陽在實則有節為陰上極蒼昊下極黃泉無所

不充無不皆结穴者以不得陰陽之交结也必須空抱實實抱空合成一太極

方是陰陽々交结為龍之動也合陰陽而成一穴其实處有(有形之雌)來有止而為龍其空

處亦有(無形之雄)來有止而龍也但实地(形也陰也)人所共知空龍(氣也陽也)人所难晓故公指明之一處之空与

大空相通一處動則大空咸動故曰龍動之時天地凋也

胡安國頗晓風水元機

世人也有住空龍龍在空時總有功背後水從生朏趨鬼翔世代不教窮

此節從龍說到水背後水從生旺趨者言穴後坐零神之水正所以迎向前生

旺之氣非真有生旺之水趨于背後也此公指明對待之義正空龍之根蒂若以辟害志則謬以千里矣

人言側背是黃泉誤了人家第之千不信但徑仙跡驗後頭冲水出神仙仰山南嶽廟龍基世師上時師那得知只為水冲龍脊背四方朝拱不曾離

此節因世人不知坐水之法而并示人以沖水之法也若非坐後有直來之曲水安得向前有生旺之真龍但楊公後坐曲水必貼穴易開一枝小水橫界穴後而後坐之如主小水界抱即犯漏腦之病而胎宮主窮矣茫茫千載此訣主匡知在玉蔣公而一朝剖露造化玄機從為呈洩石破天驚鬼當夜哭後學可不秘之哉

天下江心與水心君山常在鑑中行橘州水陸金山寺更有公安與洞庭雁峯石鼓朱陵寺下有滄浪可濯纓人傑地靈多秀氣叢高清峯占科名杜甫盧同李白祖後頭居以水為障此人不比凡流輩居是驚天動地人

上言後頭沖水之妙此又申言水中地之妙

四面團團水遶屋子中有穴食天祿

此又申言水中結作多成貴局以其空龍之義今人一見水心猶坪但云無脈不知江南平洋何地不在水中而人財蓄盛如此蓋以大輿言之外包以天塊然中處上半元之氣下半承之以水故四海團環大輿者皆水也天居外地居內二者相依輔而不相睽絡是大地固渾然而無來脈者也寧得曰大地無脈而無氣乎蓋地之氣即天之氣也天地一氣相貫故大地不必有脈而自有氣識此陰陽非二物天地只一氣方能悟楊公空龍之義矣

不惟運祿奉雲輔 此句必有訛字或上下有闕文

別是乾坤一卷書。

今世之覓地求龍者，迷惑于高低起伏之跡，雖告以平洋之真龍，猶然河漢而是拒也。後覓子取遍地鈴，是剖其奧，庶共知楊公蔣公的是一脈相傳。汪云吾識

遍地鈴註出葉九升氏。九升搜羅堪輿諸書，一一詮釋，彙為一編，梓以行世，名曰大成。其意蓋居然以集大成自任焉。予觀其所集之書，則真僞雜陳，不知去取，察其所譔著註，則乖謬舛錯，有悖經旨。我知其于斯道，實未得真傳正授，故于真机密諦，茫乎其未曉也。此書刻為平洋之冠，亭怪以楊公經天緯地之書，而遭不學無術之人，傳以臆解，參以邪說，世之讀此書者，莫不奉為蓍策，而不知其說之謬。其貽害已不可勝道哉。尤慮我後之人，亦蹈其轍也。苟不刪正而釐定之，其書雖存，其道實亡矣。于是筆其是而存其原，削其非而補其缺，庶幾不悖楊公之經旨，用示後學之周行。所愧者畫虎未工，难状浪花漾月之妙義，刻鵠近是，未傳水边花发之元微，但以詒我後人，曷敢瀆諸當世，深惟一端之或失，敢矢三緘于弗緩。因書數語，以請汪韓兩先生裁定焉。

乾隆九年太歲閼逢困敦日月會于鶉火之次後覺子自記

曾求己公安氏青囊序 此從地理辨正抄出

楊公養老看雌雄。天下諸書對不同。先看金龍動不動。次察血脉認来龍。龍々
分兩片陰陽取。水對三叉細認蹤。江南龍来江北望。江西龍去望江東。是以
聖人卜河洛。瀍澗二水交華嵩。相其陰陽觀流泉。卜年卜世宅都宮。一生二兮
二生三。三生萬物是元關。山管山兮水管水。此是陰陽不待言。識得陰陽元妙
理。知其衰旺生與死。不問坐山與来水。但逢死氣皆無取。先天羅經十二位。
天再用干與維。八干四維輔支位。子母公孫同此推。二十四山分順逆。共成四
十有八局。五行即在此中分。祖宗却從陰陽出。陽從左邊團團轉。陰從右
路轉相通。有人識得陰陽者。何愁大地不相逢。陽山陽向水流陽。執定
此說甚荒唐。陰山陰向水流陰。笑殺拘泥總一般。若能勘破个中理。
妙用本来同一體。陰陽相見兩為難。一山一水何足言。二十四山湲湲起。
有時師通此義。五行分布二十四。時師此訣何曾記。山上龍神不下水。水裡
龍神不上山。同此是山與步水。百里江山一晌間。更有淨陰淨陽法。前後八
尺不宜雜。斜正受来陰陽取。氣乘生旺方無煞。来山起頂須要知。三節
四節不須拘。只要龍神得生旺。陰陽却與穴中殊。天上星辰似織羅。水交
三八要相過。水發城門須要會。却與湖裡雁交鵝。富貴貧賤在水神。水是山

家血脈精。山靜水動晝夜定。水主財祿山人丁。乾坤艮巽號御街。四大尊神在內藏。生尅須憑陰陽布。要識天机玄妙處。乾坤艮巽水流長。吉神先入家豪富。請驗人家舊日坟。十坟埋下九坟貧。惟有一坟能發福。去水來山盡合情。宗廟本是陰陽玄。浔四失六難為全。三才六建雖為妙。浔三失五盡為偏。蓋因一行擾外國。遂把五行顛倒編。以訛傳訛竟不明。所以禍福為胡亂。

曾求己公安氏青囊序

楊公養老看雌雄，天下諸書對不同，先看金龍動不動，次看血脈認来龍，龍分兩片陰陽取，水對三叉細認蹤，江南龍来江北望，江西龍去望江東，二十四山分順逆，認取陰陽祖與宗，陽從左邊團團轉，陰從右路轉相通，有人識得陰陽者，何愁大地不相逢，是以聖人卜河洛，瀍澗二水交華嵩，相其陰陽流水位，卜州卜邑辨雌雄，晉世景純傳此術，演經立義出元空，朱雀發源生旺氣，一一講說開愚蒙，先天羅盤十二位，後天再用干與維，八干四維輔支位，子母公孫同一數，二十四山雙雙起，少有時師通此義，五行分布二十四，時師皆支何時死，若論玄空分五行，知得榮枯死與生，丙丁乙酉原屬火，乾坤卯午金同坐，亥癸艮甲是木神，戌庚丑未土為真，子寅辰巽辛兼巳，申與壬方俱水神，用此步水與量山，百里江山一向間，山上龍神不下水，水裡龍神不上山，更有收山出煞法，前後步尺不相離，坎癸申辰坤乙星，離壬寅戌兼乾甲，此是陽山起頂来，收山出煞正宜裁，艮丙兌丁兼巳丑，巽辛震庚亥未受，此是陰山入穴来，立穴何須拘左右，此是收山出煞訣，三節四節不須拘，只要龍身得生旺，陰陽卻與穴中殊，天上星辰是織羅，水城三八要来過，水步城門須要會，恰如湖裡雁交鵝，四木四金并八水，四火四土俱入坐，十個退神如鬼靈，十四進神家業興，坐向須知生尅化，進退水路要知蹤，生入尅入為進神，生出尅出是退神，退水宜流千百步，進水須教近戶庭，進退得位出公卿，大旺人丁家業興，甲庚丙壬水来朝，其家大富出官僚，進神若退家資退，亥子申宮皆一位，退神若進主官非，巽巳艮寅同一例，癸坎騰騰入亥乾，丙向夾蛇抒虎馬，兔山高聳耳項，庄田置買頃著，紫著緋兼著綠，寅甲水来逐更有，諸位高峰挺，尖秀高圓俱得位生方

高從耳旺人丁、旺位起峰財禄聚、水明消息少知音、吾主玄空卦内尋、乾坤艮
巽須癸長、寅申巳亥長僉仃、甲庚丙壬中男孝、子午卯酉中男殺、乙辛丁癸少男
強、辰戌丑未少男殃、更看明堂水来去、文破大小俱以位截定、生旺莫教流直
射、直流家業退、流破生方主少亡、沖破旺方財禄空、文若来時男女乱、破方来
去定非祥、溝壑明堂定方隅、便從品折審縈紆、四尺五寸為一步、折取須教
向所宜、小神須要入中神、中神要入大神位、三折禄馬上街去、一舉登科名冠
世、奇貴貪狼并禄馬、三合連珠貴无價、小神流短大神長、富貴声名滿天下、
子午卯酉歸街聽、神壇寺覌亦然、與内有旗鎗紅门水、雷公彼位使人驚、乾
坤艮巽城门水、其中来去要知音、大神流入小神宫、定主人家灾禍至、中
神流入小神方、灾禍瘟瘽不可聞、小神流入大神位、管取榮華家富貴、乙辛
丁癸神名小、辰戌丑未小神表、甲庚丙壬歸中神、子午卯酉中神照、惟有乾
坤艮巽方、寅申巳亥大神当、八干四維流皆吉、若放支神起禍殃、四維八干
救文水、六秀並要上街去、生入尅入百口成、生出尅出退人丁、富貴貧賤在水
神、水是山家血脈精、山静水動晝夜定、水主財禄山主人、乾坤艮巽歸御
街、四大尊神在内排、是水流歸東大海、惟有巽宫可去来、生尅須憑五
行、布要識天机玄妙處、乾坤艮巽水長流、吉神尅入家高家富、尋龍須
哀認得真、識龍方信術精通、第一識龍要識穴、海裡尋珠為上訣、第
二要識面前砂、斷人禍福定無差、第三要識九宫水、斷人禍福靈
鬼、請驗人家舊宅、故十故埋下九故覆、惟有一故能發福、去水来山
合情、男叙此篇傳后代、收拾家中藏匣内、莫將輕授等閒人、非

以此生災害由与有陷吉人看家之富貴光前代

曾見古本青囊序。共論甚純正。此篇未免稍有駁雜。係古本唯不見。僅從直指原真書內抄出。恐其中有妄添臆說。誤改字句。知學者須仍尋古本校正。 頤藏保識

玉鏡正經　幕講禪師傳

凡看山水、有山、山斷、有水、水斷。山看來勢。水看來朝。山雖本于發峰。卦實定于結局。若是頓峰。則取來龍。如有頓峰。卦則從峰。水雖本于源頭。卦實定于朝角。如無合水。則取橫遶。如有合流。卦則從角。盖平地以高者為山。山峯為建。低者為水。水際為破。建為主。破為客。主客相配起卦。然後以所得之卦之星入中飛八方。看其生旺關煞。以斷吉凶。如離方有水、便作坎山、坎方有水、便作離山。乾方水近。便作巽山。巽方水近。便作乾山。四圍有水。作中宮論。如一邊有脈路相連者。即以進氣之方為卦。不可以中宮論也。務看鉗抱環遶遠近。活法取之。

高山、高處為建。低處為破。平地、中心為建。水際為破。又以坐為建。朝向為破。建為主。宜來脈活動。坐處清潔。破為客。宜朝秀纏擁。流神環抱。

九星屬八卦五行歌

一白貪狼水神。二黑坤土起巨門。三碧震木祿存是。四綠文曲巽木親。五黃廉貞中宮土。六白武曲乾居金。七赤破軍金當兌。八白艮土左輔星。九紫右弼離火焰。九宮八卦此中分。

八山剪水經

辰巽巳水為乾局。丙午丁水為坎局。未坤申水為艮局。庚酉辛水為震局。戌乾亥水為巽局。壬子癸水為離局。丑艮寅水為坤局。甲卯乙水為兌局。

如辰巽巳三方有水。無論來朝停蓄環抱合流。皆為乾局。餘倣此。

九宮八山論

九宮者。惟氣運之法也。地運有興衰。得運者興。失運者退。非九宮則無以知之。

八山者定向水之法也方位有純駁陰陽相見而吉陰陽相乘而凶非八山則無以辨之故不明八山則不能辨吉凶之位不明九宮則不能知興敗之時此九宮八山兩家雖分而實合故辨方定位當以八山為主然必佐之以九宮而後八山之吉地吉水值以運之時而始驗也推詳運氣當以九宮為主然必兼之以八山而以九宮以運之水以運之局合八山之吉而始發也此兩家者雖各有其用而實相表裡缺一不可者也

三元龍運訣

三元龍運理宜通上元一白二三同中元四綠中乾位下元七赤艮離中

如上元宜收坎坤震龍立坎坤震向納離艮兌水則吉餘倣此

雲陽祖師授蔣大鴻枕中記

山龍

凡看山龍務尋出脉脉辨陰陽方可審穴一龍特出收放頓跌將至大結星体呈現或土或金壇褥鋪墊左右護夾交鎖湊關前朝如揖後衛如送莫問何龍總名曰陰洋洋平出霞布雲蒸到頭歇脚龍迴虎抱中間一片平坦寬和或砂或水界割分明我穴其中萬象皆備莫向何龍總名曰陽此二脉者凡山皆有其或不分頑土鈍石不可穴也亦有山形尾抱其首成一太極肉氣沖和堂局深穩穴彼極中峰巒肆應此名肉葬如或少肉此山無穴又有小山藏大山中根荄隱隱氣象安安我穴其巔是名天穴如或孤露此山無穴穴法多端正變不一姑舉其要須以意會不可執一登山

涉水忽然有得地理之學庶可傳後

水龍

凡看平洋先尋水道水道既得縱觀外勢外勢既得詳觀內形內形既得再察地盤地盤合局始審元運元運維何九宮輪轉分方進旺南離西兌東北艮位三方水抱名為元始乾巽戶二方水遶五黃得氣北坎東震西南坤地三方水遶是維元會其用水也有腹有頭穴腹之法一字橫中間微窩如月方半如弓上弦流星洩尾視星之止此名垂乳又號御珠如是水法源遠流長不割不漏包裹疊疊界抱層層三吉之加更有靜聚周流簡雅美絕端凝此等地貴盛無比百中難一不可妄希必欲求全反招鬼忌單局清純亦可以已是曰平龍至為要妙曾見小儒未明精義衝撞走飛悞人非細又有邪魔長生起箕六煞三刑罔不具倫如是種種我皆目擊故廣仙傳凡以云救

雲陽祖師授蔣大鴻八極神樞

一曰清真　言来脉不雜也曲直一字節節本宮不侵旁卦的的歸宗

二曰專一　言来脉不分也一派朝宗會歸我穴凝結包羅不漏不泄

三曰深蓄　言養蔭不枯也深則注氣蓄則养胎積聚深厚氣脉兼該

四曰端平　言形局不欹也外堂龍体内堂穴星左右後托無側無傾

五曰翕聚　言收氣不渙也外來真氣到我近身一口吸入不散不分

六曰環衛　言穴氣須固也受炁成胎穴坐後蔭左抱右兜局堅氣蘊

七曰中和　言立穴適宜也地大須緊地小須寛不寛不緊氣脉安安

八曰明淨　言穴外無累也四周坦平無遮無蔽無漏無冲光潔美麗

蔣平階大鴻氏醒心篇

世間萬了丰荒唐。風水真机更暗藏。日〻尋师求吉地。未明真假反遭殃。此本天机秘不洩。先哭邪敢信。說天玉青囊。是啞謎。後人錯解非真訣。我失慈親在早年。誤依偽術地三迁。一朝忽受真师秘。悟到危義一。畫先人人。是說山龍好。識浔来龍穴便真。向背正偏倚顛倒。正恐骸骨化為塵。勸君切莫葬深山。〻陝幹老性粗頑。四圍障蔽陽和少。穴裡無風氣脈寒。勸君切莫葬高頂。四面風搖吹骨冷。妄言天穴取天清。総是捕風兼捉影。劝君切莫葬空窩。山勢灣環圍抱多。只說無風藏氣暖。豈知積水穴生波。劝君切莫葬山脚。雖有来形非结作。斜飛硬住總為砂。花假星辰情味薄。劝君切莫葬山坡。坦平一片如毡鋪。縦有微〻浪痕起。風搏水蕩奈愁何。勸君切莫葬墩阜。遠山高地牽連就。真脉不来空作堆。無骨無筋浮土覆。

葬山活病分明說。还向君家漏真訣。但尋来脉有生成。自有原形無破缺。

芦鞭倒地木〻形。穿珠落地是金星。土宿玉屏皆美穴。此爲上格産豪英。

亦有名科坐正墩。应知石脉石羅紋。此是真龍生变化。不如有水抱其身。

也有流神叠〻来。卯無星体亦成胎。凝骨接液栽培的。葬没底須出俊才。

贯顶無踪脉未真。半山浪湧土生紋。穴藏息内渡肩厚。不怕伶仃不怕貧。

葬山三极誰人識。只看本身休看客。遠朝近案莫貪求。虎缺龍虧何用惜。

直来直接脉方粘。四形正坐四肢寬。若不偏斜兼側势。頂棺無氣一肩寒。

更有石龍并石穴。乃是龍龍真大穴。世人何德可承擔。高着进眸慢〻说。

十山不及一平洋。江北江南富貴鄉。曾見世家誇祖墓。太平地少山岡，只將水脉作龍看。大幹小枝須辨確，水若行時龍亦行，水若歇時龍亦歇。

第一莫下大水際，雖有灣環氣不住，另開小水界其身，一派汪洋皆會聚。第二莫下衆水之，人言作水聚天心，數道分流脉渙散，四飄水蕩絕兒孫。第三莫下朝水角，水來水去情如箭，雖然橫界不兜收，一旦失元喜救藥。第四莫下田角尖，水斜反射似火燃，今日安故昨日哭，兵刑火盜疫瘟連。此言幹水不比穴，支水之中亦有嫌，形或尖斜或火曜，近身反去損胎元。池塘湖泊真龍脉，曲水朝迎卿相格，一灣一抱有情，下着蓬门換朱紫。不分前後與旁边，坐向端然看水源，恨殺時師下斜穴，那朝客水遠峯巒。總之地貴金水土，切忌直木與尖火，不論地形及水形，偶一犯之知見凶。況乎地好尤賴時，三六旋移應早知，以今知昔知今敗，天元歸厚福徵祠。真人指點天机秘，撥霧披雲始見天，更倒世人都夢寢，恍然再作醒心篇。

蔣平階大鴻氏神火精

土實氣空靜則動，動則氣縱龍亦遠。太塊不空氣不通，不知窮何處尋。自是時師眼力庸，兩水便道夾真龍，若是脉還差一線，陰陽交戰禍來重。陽和爲類皆有育，陰慘爲類皆被戮，爲和育是神火精，戮是脉寒水脫。惱世人那識神火精，真火原從水裡生，參透元空奇妙理，水中火氣焰騰騰。善識火在搆其光，上下四旁皆有芒，太近太遠光不接，不以真傷百物昌。接脉下手亮如何，尺寸分明界不模，逐宮合以真經御，元氣亂亂春太和。

歸厚錄成上奏

玉帝表文

伏以

出洛浮河。玉樹啟先天之秘。分星布野。金函括大地之靈。上以肇國
開邦。下以康民阜俗。作者謂圣。述者謂明。代不乏人。天無私予。自公
刘邵民胥宇。左相洛筮定都。既心知其義。而測以土圭。猶口秘其文
而归之卜筮。知
造化不容輕洩。故上哲慎而無言。自黃石遇于当年。而青囊傳於人世。郭景
純得之授受之正。楊筠松獲之兵火之餘。天府鴻裁藏。散流六属
英才間出。傳習百家。然皆微顕雜陳。真偽錯出。得書不能得義
傳訣未必傳神。至于我　明。其法弥隱。刘基得之玉笈。獨有真書。
太祖收之石渠。遂無世寶。于是人淆暬說。家述偽書。二百餘年。朝野
多黙符之理數。萬歷中。祀生徒闹賊乱之文章。元珂痛圣学之不明
致生民之日弊。童承祖訓。记诵堪輿之言。壯值母亡。胼胝山川之險。更
數師而不得其旨。歷弟疑而愈失其宗。
帝鑒其誠。人懐其覺。遇真師于方外。授正義于掌中。加以數載研慮之功
有一端靜照之識。自知小器濫受
鴻恩。心戰戰而匪寧。意皇皇而靡忌。不敢洩之于世。蒙其顕誅。况敢造之于
家。徇其私願。但念臣　祖宗數世。慎保良心。宗族一门。咸非巨惡。痛遭
出亡之禍。遂絕報本之途。使朋友皆獲吉阡。而父兄反归凶壤。雖云

天数实重臣幸臣再從々者孝友无虧寬平不戾来叩刑家之矩矱以為
葬父之津梁。臣著授一書厥名歸厚。將以闕之家廟。詒彼後人。非種不
傳。惟賢是予。臣以私门禁戒。恐犯刑威。敢望
天闕而陳情伏冀
帝慈之肆赦。神靈衛翌。石函永作家珍。哲嗣闡揚。玉鏡常懸。丕諦世々
生挺孝凝忠之地。葉々産済人澤物之賢。庶几不負
玄恩。至儀愚悃。曷或後世違。臣明誓褻玩靈文。仰惟
神威。褫其精魄。聿昭
宸令。臣元珂無任悚惶待命之至。謹奉表上
奏以
聞。

歸厚錄 摘錄 存參

八山加局例

消納水例

主穴凶祔吉圖

主吉祔凶圖

附在歸厚錄祔葬章之後

又從趙本抄出

小遊年

大遊年

輔星卦立向納水

天父卦消水發用

九星所化

龍穴砂水倒杖真訣

斗杓指南

此附在歸厚錄之末

八山加局例

乾主穴例

黃坎離
震艮巽
兌乾坤

巽主穴例

震艮兌
坎乾坤
黃巽离

坎主穴例

離黃巽
兌震艮
坤坎乾

離主穴例

艮巽震
乾坤兌
坎離黃

艮主穴例

兌震坤
黃坎乾
离艮巽

坤主穴例

坎乾黃
艮巽离
震坤兌

震主穴例

坤兌乾
离黃坎
巽震艮

兌主穴例

乾坤坎
巽離黃
艮兌震

消納水例

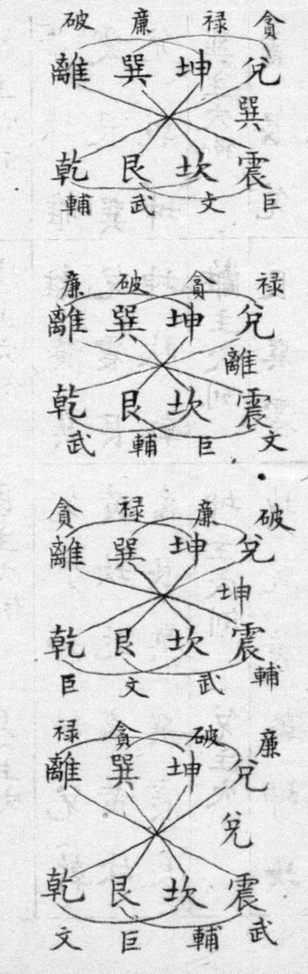

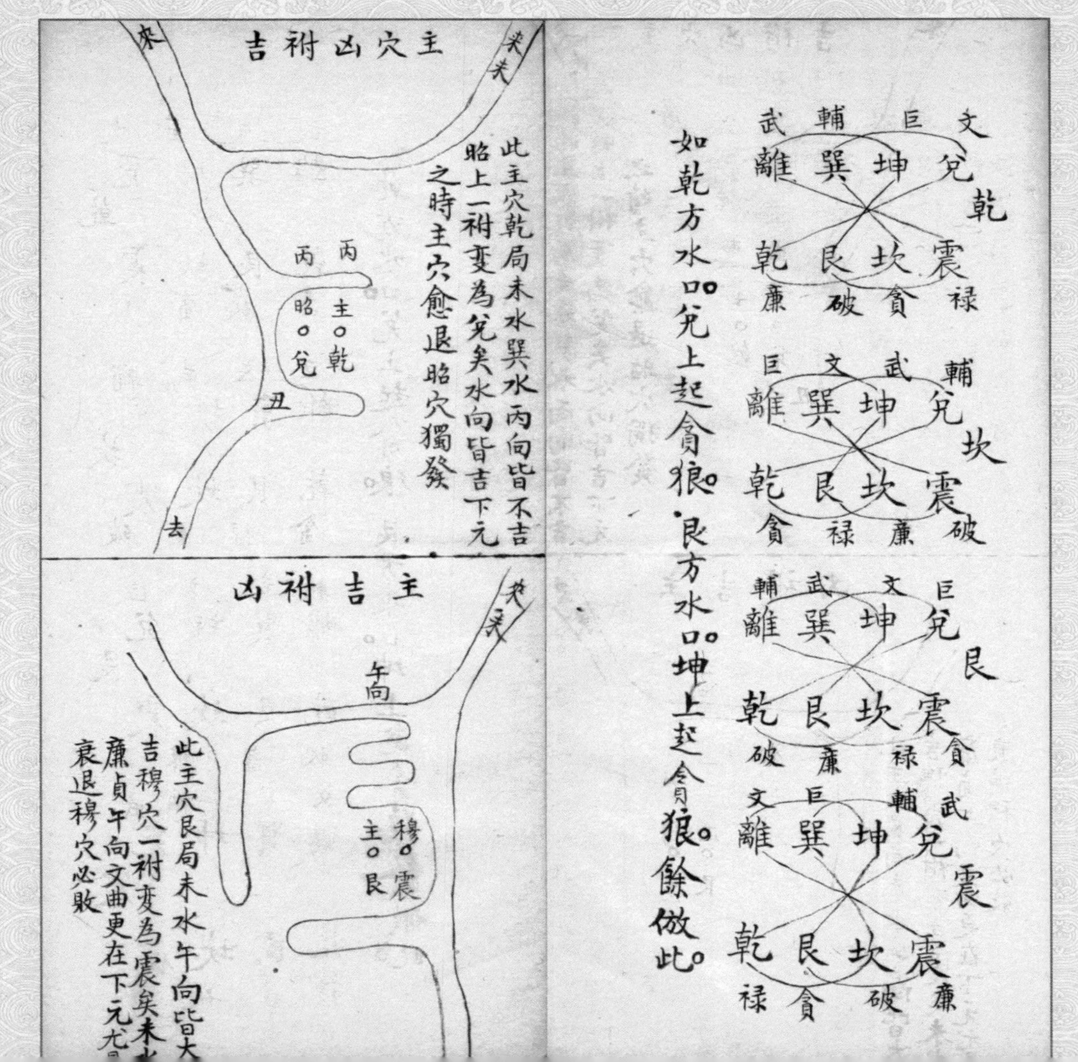

如乾方水口。兌上起貪狼。艮方水口。坤上起貪狼。餘倣此。

此主穴乾局未水巽水丙向皆不吉
昭上一祔變為兌矣水向皆吉下元
之時主穴愈退昭穴獨發

此主穴艮局未水午向皆大
吉穆穴一祔變為震矣未
廉貞午向文曲更在下元尤
衰退穆穴必敗

小遊年

	乾	坎	艮	震	巽	離	坤	兌
文曲	遊	天	遊	體	福	遊	福	生
武曲	福	福	命	生	天	天	體	五
巨門	天	生	五	五	遊	命	命	體
廉貞	五	體	生	命	五	體	生	命
破軍	命	命	體	天	生	五	五	遊
祿存	體	五	福	福	命	生	天	天
貪狼	生	遊	天	遊	體	福	遊	福

大遊年・

乾	坎	艮	震	巽	離	坤	兌
六	五	六	延	天	六	天	生
天	天	絕	生	五	五	延	禍
五	生	禍	禍	六	絕	絕	延
禍	延	生	絕	禍	延	生	絕
絕	絕	延	五	生	禍	禍	六
延	禍	天	天	絕	生	五	五
生	六	五	六	延	天	六	天

八宮卦象

小遊年　輔弼　五鬼　福德　絕體　天醫　生氣　遊魂　絕命

大遊年　伏位　禍害　天醫　延年・　五鬼　生氣　六煞　絕命

其法以貪狼、巨門、祿存、文曲、廉貞、武曲、破軍、左輔、右弼、為序。以八卦而論。則右弼与左輔同宮。以九宮而論。則貪狼為一白、屬水。巨门為二黑、屬土。祿存為三碧、屬。文曲為四綠、屬木。廉貞為五黃、屬土。武曲為六白、破軍為七赤、屬金。左輔為八白、屬土。右弼為九紫、屬火。又以五星而論。則貪狼為生氣、屬木。巨门為天醫。祿存為絕体。屬土。文曲為遊魂。屬水。廉貞為五鬼、屬火。武曲為福德。破軍為絕命。屬金。輔弼從本宮無屬。小遊年变卦。青囊經謂之九曜。亦名翻卦。從乾卦翻者。為天父卦。從坤卦翻者。為地母卦。皆由天定卦翻变而出。地理家之净陰净陽三吉、六秀、八貴、十二吉龍、皆本于此。 地理家從龍上起、以貪狼、巨门、武曲、廉貞爲吉。祿存、文曲、破軍、輔弼、爲凶。 選擇家從向上起、以貪狼、巨门、武曲、文曲、爲吉。祿存、廉貞、破軍、輔弼、爲凶。其取義各自不同。

大遊年变卦。相宅家用之。選擇有以宅長行年。配合修造之說。故名遊年。因地理亦有遊年变卦之法。故此名大遊年。其法亦因天定卦。翻变而出。而以貪狼廉貞武曲文曲祿存巨門破軍輔弼爲序。貪狼与小遊同。亦曰生氣。廉貞即小遊之巨门、亦曰五鬼。武曲即小遊之絕体、又曰延年。文曲与小遊同、又曰六煞。祿存即小遊之五鬼、又曰禍害。巨门即小遊之福德、亦曰天醫。破軍輔弼、与小遊同。蓋陽宅之法以乾兌爲老陽。艮坤爲老陰。離震爲少陰。巽坎爲少陽。二老相配爲西四宅。二少相配爲東四宅。東西各自相配爲吉。交錯相配爲凶。故变卦之吉凶与小遊年有同異耳。 翻卦之法。皆以上一爻变、爲生氣貪狼。下二爻变、爲天醫巨门。三爻俱变、爲延年武曲。三爻俱不变。爲伏位輔弼。蓋上一爻变者。則乾兌互变。艮坤互变。離震互变。巽坎互变。下二爻变者。則乾艮互变。兌坤互变。離巽互变。震坎互变。三爻俱变者。則乾坤互变。兌艮互变。離坎互变。震巽互变。三爻俱不变者。則自得本宮。皆老少各自相配。故爲吉也。外此則老少交錯相配。故爲凶也。

輔星卦立向納水

輔								
	廉	兌	震	坤	坎	巽	艮	離	乾
	武	震	兌	坎	坤	艮	巽	乾	離
	破	坤	坎	兌	震	離	乾	巽	艮
	輔	坎	坤	震	兌	乾	離	艮	巽
廉	貪	巽	艮	離	乾	兌	震	坤	坎
	巨	艮	巽	乾	離	震	兌	坎	坤
	祿	離	乾	巽	艮	坤	坎	兌	震
	文	乾	離	艮	巽	坎	坤	震	兌

天父卦消水發用

		兌	震	坤	坎	巽	艮	離	乾
貪	生氣	乾	離	艮	巽	坎	坤	震	兌
巨	天醫	離	乾	巽	艮	坤	坎	兌	震
祿	絕体	艮	巽	乾	離	震	兌	坎	坤
文	遊魂	巽	艮	離	乾	兌	震	坤	坎
廉	五鬼	坎	坤	震	兌	乾	離	艮	巽
武	福德	坤	坎	兌	震	離	乾	巽	艮
破	絕命	震	兌	坎	坤	艮	巽	乾	離
輔	伏位	兌	震	坤	坎	巽	艮	離	乾

九星所化

貪本一白水。為震木。為生氣。巨為二黑土。為艮土。為天醫。
綠為三碧木。為坤土。為絕體。文為四綠木。為坎水。為遊魂。為六煞。
廉為五黃土。為五鬼。武為六白金。為兌金。為延年。為福德。
破為七赤金。為乾金。為絕命。為黃泉。輔為八白土。為巽木。為伏位。
弼為九紫火。

斗星口訣

兌丁巳丑	震庚亥未
坤乙	坎癸申辰
巽辛	艮丙
離壬寅戌	乾甲

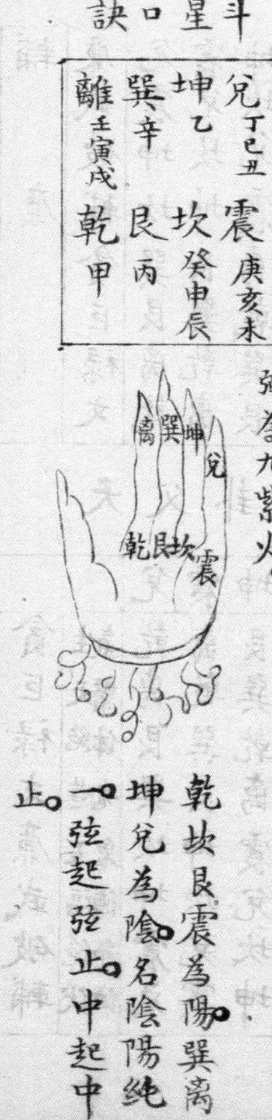

乾坎艮震為陽。巽離坤兌為陰。名陰陽純一。弦起弦止。中起中止。

龍穴砂水倒杖真訣

震艮坤坎離兌乾巽

	乾	坎	艮	震	離	坤	巽	兌
貪木 生炁	坎	乾	震	艮	坤	離	兌	巽
巨土 天醫	坤	離	兌	巽	坎	乾	震	艮
祿土 絕体	震	艮	坎	乾	兌	巽	坤	離
文水 遊魂	兌	巽	坤	離	震	艮	坎	乾
廉火 五鬼	乾	坎	艮	震	離	坤	巽	兌
武金 福德	離	坤	巽	兌	乾	坎	艮	震
破金 黃泉絕命	艮	震	乾	坎	巽	兌	離	坤
輔木 伏位	巽	兌	離	坤	艮	震	乾	坎

斗杓指南

貪巨武名人丁催官水、又名金魚上馬水、又名御街水、又名天機水、武為

金帶水、巨為金魚水、貪為銀帶水、又名花羅水、巨為魚山、武為肉山、廉為

五鬼降煞水、破軍為八煞絕命黃泉水、主子孫兇暴殺傷牢獄徒配絞斬瘟疫

滅门、廉貞主忤逆風声、兄弟不和、落水墜馬、自縊徒流瘟疫火災、輔弼在

前為佐、在後為奸佞盜賊欺主不恭、

輔星卦 又名五鬼卦

位々起廉貞

天父卦

位々起貪狼

倒杖訣

位々起文曲

華溪後覺子劉樂山管窺編

蔣公盤式

蔣公原銘

俯察地理。本乎洛書。父母六子。範十二支。三爻成象。位叅干維。三八品配。道盡無遺。後愚妄作。淆乱日滋。芟邪表正。易簡昭垂。

一用盤必用蔣盤。凡收水點穴立向俱用正針。若照俗下外盤收水。則干支卦位必多差錯。而害不勝言。

一擇地先看星體端正。而後可言理氣。

一是書所重者元運。元運不合。雖星垣皆好。理氣清純。亦未可用。

謂留以有待也

一立向不可用兼向。在本宮猶且不可。出卦大忌。世俗分金之說。當一切掃除。

以上四條是原本

元運收龍氣正圖

元運收水對待圖

論龍運

元運以一百八十年為一轉。分三甲子為上中下。一白二黑三碧名曰上元。四綠五黃六白曰中元。七赤八白九紫曰下元。值元当令為旺氣。初失元為平氣。再失元為煞氣。得旺氣則吉。得煞氣則凶。

歌曰　上龍一二三。上水九八七。下龍七八九。下水三二一。中水中龍四六關。二龍八水六艮兼。

此三元対待圖也。如上元一二三為旺氣。必下元九八七之水來。斯一二三之旺氣乃真。所謂陽順陰逆者此也。所謂父母二卦顛倒輪者此也。所謂倒排父母蔭龍位者此也。務須節節細察其骨之純雜。而定其吉凶。此青囊雌雄交媾之妙用。天玉翻天倒地之秘旨也。

楊公看雌雄法

雌雄、陰陽之别名也。水屬陰，氣屬陽。葬地之道，乘天陽之生氣而已。我陽

則無形可見，陰則有跡可尋。看雌雄者，將有可見之雌，看無可見之雄也。

平洋以水為龍，此指龍之雌者而言。葬山坐實，葬水坐空，同一義。因

水認龍，此指龍之雄者而言。山水同此對待而已。

金龍動不動

蔣註云、金龍者，乃乾陽金氣之所生也。則金龍、即水神也。動不動，謂有曲折轉灣及枝條槎枒交會止息，則謂之動。若直來直去，是即歸厚録所云動直死龍而耳，豈謂之動乎。此句只看水道之形象，下句乃及方位。

龍無形，水有形，動不動看有形之動不動，以識無形之動與不動也。

平水為止，于氣為生，水之靜即氣之動也。大抵成星体則動，不成星体則不動。

察血脉来龍

血脉、即金龍也。察、謂察其来之方位也。金龍既動，便当察其来路而認其為何卦之龍，乃可乘元取用。蓋来龍卦氣，而認察血脉即所以認来龍，此即陰陽對待，雌雄交媾，玄竅相通之妙義也。

水对三叉細認踪

此即所謂城門一訣也。二水相交，必有三叉，是入手第一件緊要。水对三叉細認踪，即察血脉認来龍之義。此二條皆言尋龍之法，勿誤認為立穴之法。

江南龍来江北望

江南江北，以雌雄兩片之对待言也。雌自江南而来，雄必自江北至矣。江北望者，望江北之雄也。其实江北之雄，亦可望江南，正所以望江北也。此楊公看雌雄之秘訣，玄空大卦之妙理也。

朱雀發源生旺氣

朱雀發源者，水之来源也。生旺氣言朱雀發源之水来生吾之旺氣也。水無生旺，可乘若水果從当令卦位中来，便犯煞氣，而凶不可言。天玉經曰：若逢正神正位裝，撥水入零堂，可知龍以旺為旺，水以衰為旺。此句似指上元統龍而言。

陽從左轉陰從右通

此即陰陽对待之義。精氣從天，精氣是陽，故曰陽從左轉。胎息從地，胎息是陰，故曰陰從右通。左轉右轉，以數言，不以位言。左边右路只是对待之象，非左順右逆之謂。俗以左旋右旋分陰陽，謬以千里。

前後八尺不宜雜

此節言堂氣局氣註云八尺言其最近也此乃立穴之秘旨須從長線打准貼穴之水入懷處前後左右俱要極其清純若雜他卦便非純乎生旺矣來氣之遠窮諸百里堂氣局氣之近稱以八尺語意俱明白況有更有二字別之勿誤認八尺為來情之到頭第一節也

第一義要識龍身行與止

龍身行止從何處辨之在界割之有無而已有陰水則為收攝而止無陰水則不會聚而行水龍變態不一而行止之辨大約類此

第二言來脈明堂不可偏

來脈者來水也如水來自離則是坎龍水來自兌則是震龍蔣公來情篇所載是也明堂者堂氣也如近離水者為坎局得坎氣近艮水者為坤局得坤氣蔣公注受篇所載是也不可偏言來脈稱骨明堂稱方二者當兼而收之不可偏廢也

第三法傳送功曹不高壓

傳送功曹乃左右輔弼也最要平夷若有高突即掩蔽陽和房分不利

第四奇明堂十字有元微

明堂十字即穴內十字也十字有繼有橫繼則因局定向橫則依水立穴前半屬陽後半屬陰而左右皆公位故從後半另開小水以裁其廣狹長短以定此十字所謂有元微也

立向之道端正為貴形局子午坐向亦宜子午形局乾巽坐向亦宜乾巽若子午形局而作乾巽山向便滿局多成火曜矣蓋正形正坐雖小地亦能發福所出人丁皆端方愷直豈非美事立向一偏眾煞交攻瘟㾮盜賊挾邪淫亂無所不至得元猶可失元不救矣

如子午局而作乾巽向則水之直鉏者為斜飛矣水之囘抱者為反竄矣本局之界割者成八字形矣甚矣變山三合之誤人也

立穴固有偏左偏右之法然所謂偏乃移左移右非偏向之謂也醒心篇云恨殺時師下斜穴欲朝客宿遠峯巒本局欹斜純殺氣嗟君此語緊牢拴　以上三條是原本

第五妙前後青龍兩相照

謂前高後低左右平坦如幕講師三堂式是也

第六秘八國城門鎖正氣

八國即八方界抱之水也八國不滿之處是為城門以零神之水鎖正神

之氣。故曰鎮正氣也。此城門，非水發城門。須要會之城門。彼以三叉言，此以實地言也。彼則來情之所由入，此則局氣之所由進，二者不可誤認。

第七奧要向天心尋十道

蔣註云：天心十道，緊頂八国城门来。蓋城门既定正氣之来踪，又當於穴内分清十道，乃知入穴正氣。廣狹輕重，銖兩平衡之辨，此條須細玩。此一局之内，何者是旺氣，何者是平氣，何者是煞氣。合内外局，逐一細〻尋求，必旺勝于煞，而後可偏煞、旺、平衡，便當控制，故曰奧也。

此十字以數言。天心尋十道，是尋堂氣、局氣之十道，不可悞認為外氣。

第八裁屈曲流神認去来

流神屈曲，水勢合格矣。然去来之地，不可不認。〻去来者，非重去与来之别也，重去与来之水屬何卦氣也。若水之去与来，無甚分别，得元則来固吉，去亦吉；失元則来固凶，去亦凶。不过稍有輕重之殊耳。

流神屈曲，必有向背。向我為来，背我為去。既去復来，結氣愈厚。葬经所謂揚〻悠〻，顧我欲留。乃妙須于穴上認之。

天玉三卦

三卦，上中下三元也。楊公三分九宫為三大卦，曰玄空，曰東西，曰南北，曰父母。

皆其別名也。此天心之奧。而舉世皆茫然矣。

江東一卦從來吉 八神四個一

江東一卦者。兌卦也。水從震來。氣從兌至。反而名之江東。即江南龍來江北望。江東龍去望江西之意也。八神即八卦。四個者、數至第四位而更起一父母之卦也。一者。一元也。此卦力量淺、爲此僅管一卦。不能有餘氣兼管他卦。所以謂之一也。

江西一卦排龍位 八神四個二

此指中元巽卦而言也。坎至巽爲第四位。故亦曰四個。二者。謂此卦能兼旺于下元。故曰二也。中元餘氣亦淺。僅旺下元二十年。以後便不免有禍。

南北八神共一卦

此指上元坎卦而言也。不云四個者。此卦突然自起。不經位數。不同於東西二卦也。注云。此卦力量最大。能包含三卦。總該八神。爲八卦之統龍。又非四個二之比也。

坎離八卦之統領。然必兼收輔弼宮。龍神乃能三元不敗。否則九紫當令之時。亦所不免。此又換星秘中之秘。所謂收得輔星成五吉。山中有此是真龍也。

三陽水向尽源流 富貴永無休

三陽者。丙午丁也。倒排父母則壬子癸一卦也。是源流者。言自近及遠。皆不出卦也。以三陽之水而總是其源流。自能三元不敗矣。

三吉六秀

三吉。父母也。六秀。子息也。天玉以卦之中爻為三吉。卦之旁爻為六秀。並不忌辰戌丑未。或云四水在失元時。為禍甚烈。夫失元。何者不能為禍。奚獨此四水乎。

三才六建

三才。即三吉。六建。即六秀。水。龍。經。穴。建。圖。非。是。

零神正神

青囊天玉。俱以值元為正神。元之對為零神。經曰。若遇正神正位裝。發水入零堂。蓋以正神裝在向上。以零神裝在水上。則雌雄兩得其妙矣。此收生出煞之秘要也。

乾山乾向水朝乾〻峰出狀元

乾山乾向水朝乾。猶云乾山巽向水朝巽。中元取四六兩頭關。再得乾水。則中黃氣旺。而大魁可必矣。平洋以水為峯。故曰乾峯。　下三句倣此

父母子息

卦為父母。左右兩支為子息。八卦皆然。此定理也。天玉青囊重父母而輕子息。蓋父母居中。易清而不雜。子息居边。易駁而难纯也。其实三叉原相伯仲。但得令有早晚。發福少輕重耳。

背後水從生旺起

言坐此衰敗之水。以收向前生旺之氣也。

四大水口

水口。即三叉。城門口也。以四隅言則四。兼四正言則八。分二十四山而言。則二十有四。非僞說辰戌丑未之謂。

天元宮

經曰。子癸（天元龍）午丁（天元水）天元宮。卯乙（天元龍）酉辛（天元水）一路同。若有山水一同到。半穴乾坤艮巽宮。收得輔（八白艮水）星成五吉。山中有此是真龍。

天元即上元也。上元宜專言子癸。而兼言丁午者。蓋指陰陽交媾雌雄對待而言也。言卯乙而兼言酉辛。同此義也。三四兩句。以水駁雜者言之。末句輔星成五吉。乃撰星之妙訣。蔣註云。天元雖包诸卦。而九星止有三吉。恐日久發洩太早。末冑衰微。故涓輔弼宫龍神合氣入穴。以成五吉。然後一元而兼兩元。龍加悠遠不替矣。

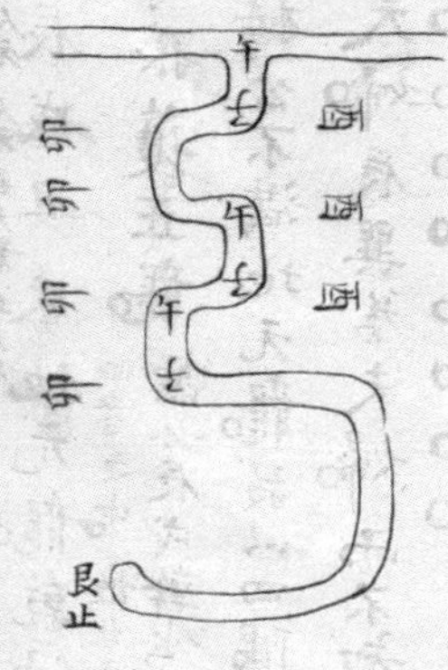

此為真天元龍。天元歌所謂龍骨真也。若丙壬出脈。便易雜巳亥。丁癸出脈。便易雜丑未。四隅龍做此

地元宮

經曰。辰（人元）戌（人元）丑（地元龍）未（地元水）地元龍。乾坤艮巽夫婦宗。甲庚壬丙為正向。脈取貪狼護正龍。（四者之中。惟丑是地元龍。未是地元水。至辰戌。似与地元不涉。然必辰戌幹水發出枝水。乃真丑未。非謂辰戌亦屬地元也。）

楊公不滿地元龍。故以四隅之辰戌丑未言之。然世俗每以丑艮為夫婦。辰巽為夫婦。而不知皆非也。其實丑与未。辰与戌。為夫婦。而乾坤艮巽。獨為一宗。則下元三卦。亦以父母為貴。可知甲庚壬丙為正向。便作卯酉子午看。脈取貪狼護正龍。或離上有蔭水。或抱水是也。蔣註云。人地兩元。別有兼法。言人元。亦天元。為輔弼地。

元以貪狼為輔弼非如天元之取真輔真弼為輔弼也

經曰人元宮

寅（地元龍天元水）申（天元龍地元水）巳亥（人元）人元來乙辛丁癸水來催更取貪狼成五吉寅坤申艮御門開巳丙宜向天門上亥壬向得巽風吹

中元必須四六兩頭關乃為上地若但一頭水到只算次格上元之龍在中元正叢可在局內收之非若地元之只可暗取貪狼也觀末二句乃知首二句當是艮坤巽乾人元來也然既以寅申巳亥為四正遂以乙辛丁癸為四陽明其四面有水為中黃之局若是壬亥來脉宜立亥向則更取貪狼小水以成五吉若是巳丙來脉宜立巳向則更開寅坤申艮之門以收納之然畢竟是偏氣不若父母來脉為妙註云巳屬巽而反曰天門亥屬乾而反曰巽風顛倒裝成其托意微而且幻其所謂托意微者以偏氣宜向不宜坐也不然註何不即以向天門為亥向巽風吹為巳向

中元圖式

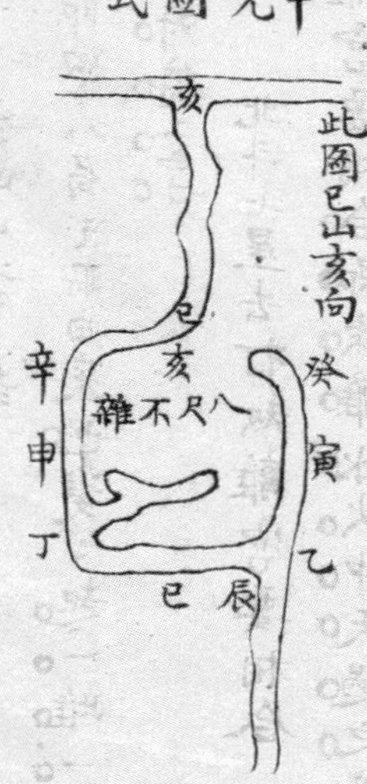

小水入口。的真子午骨子。

所謂更取貪狼成五吉也。

中元圖式

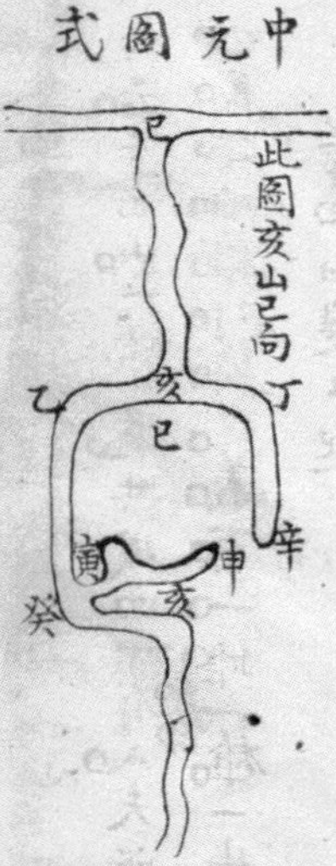

寅坤申艮御门開。

小水入口。的真艮坤骨子。

四十八局

蔣註云。二十四山。一順一逆。共成四十有八。夫所謂順逆。非順轉左旋。逆轉右旋之謂也。蓋即雌雄對待之義。有一雌（即陰）一雄。一山兩局。共成四十八局也。

二十四山隻隻起

此即四十八局之所由來也。隻隻起。一雌一雄。兩兩對起也。千卷青囊總不出。對待二字。

北斗七星去打刼離宮要相合

離宮要相合。即坎離。水火。中天過之意。

龍中交戰水中裝

平洋以水為龍。水乃龍之雌者。而實雄龍之所自來。故曰水中交戰。則為正龍傷矣。正龍者。龍之雄者也。註以為入口交戰。最是。非入口之交戰。安得謂正龍傷乎。蔣公云。來情若在真元位。諸局參差一半輕。故八極神樞亦以來情真為第一義也。

干維乾艮巽坤壬父精陽順星辰輪。支神坎震離兌癸母血陰卦逆行取

謂干維乾艮巽坤而果為天之陽也。則當順輪。支神坎震離兌而果為地之陰也。則當逆取。其云歸重父母。而以壬癸為龍水之別名。隱然以壬癸為陰陽。不以干支為陰陽也。挨星即是元運。不分龍水。此以壬癸二字分出龍水。故曰秘中秘。

此條論得極妙極確

精氣從天。陽也。故當順輪。胎息從地。陰也。故當逆取。二十四位俱互為陰陽。非干維屬陽而支神屬陰也。蓋陰陽非有一定之位。故順逆亦無一定之規。如支神坎震離兌而為天之陽。則又當順輪。干維乾艮巽坤而為地之陰。則又當逆輪。所謂父母二卦顛倒輪。此也。所謂翻天倒地對不同者。此也。總之順逆從陰陽。不關干支。俗術不識此義。謬將干支字面硬別陰陽。而分左右旋。真夢中說夢耳。而彼且自以為月窟天根在是也。可哀也哉。

蔭龍格

蔭龍形體。當精精遍潤。而四角亦不宜太方。謂不宜有稜角立穴。必對池之正中。偏左右。則收氣不清。且欠端正矣。若立穴歪斜。為禍更烈。尤当慎之。

凡坐水。必量水面之濶狹。而後可立穴。太近則氣促。太遠則氣脫。神火精所謂太近太遠。光不接也。遍地鉗云。水邊花發。水中紅。窗外月明窗內白。嗚呼。至矣。

立穴十則

一星體

天有五星地有五行在天成象在地成形金圓土方火尖木直水曲此五星之正体也平洋亦取金土水為三吉木火不用以尖直之形其性剛暴不能無煞氣也

二龍神

龍者借名非真龍也亦曰元運之氣而已氣本純陽龍亦純陽龍善變化氣亦善變化以其相類故借名也知龍之為氣可知是無形可見無跡可尋者矣知龍之陽可知山水土皆陰而非龍矣然陰之所在陽必求之故無形之陽恒寓於有質之陰惟楊曾洞徹陰陽対待雌雄交媾元竅相通之妙故其言曰細察血脉認來龍又曰江南龍來江北望江西龍去望江東闡千古未發之秘其示人以有形之陰亦無形之陽陰在此則陽在彼陰在彼則陽在此之要妙可謂深切著明矣奈何世人迷而不悟猶以高低起伏轉関過峡者為龍也夫以實為龍非但不識平洋之龍并不識高山之龍矣悠悠天下之無非矇瞽何可勝嘆哉

凡看來龍須細察其來脉或父母或子息或父母兼子息或子息兼父

父一卦者為純。兼卦者為雜。天元歌云。八卦三元并九曜。毫厘差錯落空亡。又云。只把傍龍一卦藏。莫憑三八分條理。識得九龍〻骨真。骨若不真飛不起。又云。天元既辨龍神旺。九曜不純龍力衰。其純雜不可不辨也。如節〻父母出脈。必〻駁雜之病。父母兼子息。猶可。若子息出脈。必雜他卦而犯差錯矣。歸厚錄辨清辨雜之語。真喫緊秘要也。

三堂氣

堂氣。即局氣也。以貼身所近之水為主。不論前後左右。皆為局氣。如近離水為坎局。得坎氣。近乾水為巽局。得巽氣。此其大略也。如近離水涉未。則坎局兼艮。離水涉巳。則坎又兼乾。禍福其有憑乎。蔣公所云。既知辨局又畏失胎者。此也。必細按其机之水口。得何氣。止處得何氣。我穴其圖左右並歸。必卦氣清純。旺勝于煞。始為全美。倘煞旺平衡。便當控制。青囊云。前後八尺。不宜雜天元。歌云。定局惟看貼水城。毫厘尺寸要澄清。皆言堂氣也。下局可不詳審乎。

四朝向

凡水當面來而曲者曰朝。寶照云。出峡結成玄字樣。朝來鸞鳳呈祥。蓋言（此是向水攀龍格）本身來龍之水曲折而入。當面朝迎。抱歸穴後而止也。或非本身

之水。別有一枝客水。曲折逆入朝迎至我面前而止。或轉左右繞穴而去。皆（此是倖秀格）
是揔之要之玄屈曲。節節整齊不雜不乱為妙。

五形局

謂抱穴水城之形局也。結穴有龍腹龍首。首首不同。必有蔭龍之水遶抱太極。其形必如玉帶。如半月。方妙。龍首穴或無蔭龍水。其頭必特大。有垂乳啣珠之象。方成形局。水城既妙。又当观其實地城門并通路。仍如揔要方圓端正。畧無傾仄逼窄殘缺。乃為全美。

六高低

即幕講師千里眼之法。穴前要漸遠漸高。左右要平坦。穴後要漸遠漸低。如天柱輔弼上。有墩阜屋宇。障蔽陽和。欺壓墳塚。大損人丁。不可不慎。

七外應

謂星垣之外。遥遠之處。或大湖大蕩。或高峰寶塔之類。雖遠亦有関係。

八翼衛

言垣局也。星体既妙。更須垣局周匝。前案後托。左右輔弼。須層層包裹環抱有情。畧無反背斜飛沖射為妙。

九緊密

此合內外局而言也。緊則氣聚，密則氣固。如形局曠蕩，則氣亦曠蕩。天元歌云：俗眼只嫌結局小，個中生意諧乾坤，言星体之緊密也。更有砂龍從外護，愈多愈美，酒添酥，言垣局之緊密也。重重息道，層層關鎖，星垣而好，斯為大地。

十元運

元運者，上中下三元輪轄之運。上元一二三管運，而一白為統龍；中元四五六管運；下元七八九管運。三元循環輪轄，值元為旺氣，初失元為平氣，再失元為煞氣。凡來氣、局氣，俱要得當令之旺氣，不可得當令之煞氣。一煞一旺，禍福天淵。雖得至美之地，而運不逢時，必不可用。歸厚錄云：與其得失元之大地，不如得乘時之小地。人壽幾何，待其去衰入旺，身與家俱已矣。此真不易之論也。至其氣運之長短，力量之大小，雖各有一定，然又當以地力之厚薄、星卦之純雜參觀之。

聞蔣公有葬法十則，而未之見。右十款之目，係歸厚錄定卦篇後所列者，予為之次其序而條晰之，以管窺天，不知與蔣公所著者，不甚逕庭乎。抑猶河漢而無極也。惜不得蔣公真本而証之。乙丑春暮後覺子自記

元運龍水口訣三首　　趙文鳴

上元龍法是如何。九妹灣環抱一哥。更有八郎朝二母。東隣鎮
日望西河。
即今語汝中元法。二八来朝生意發。要知四六兩頭関。五郎從
此投胎着。
下元何處覔元音。子位空空抱午神。老母開籠私少子。大兄破
腹納西金。

選日要畧

太陽。日躔一度。週天三百六十五度。故一年一週天。計每月行三十度。太陰。一月一週天。計每日行十二度有零。其數時憲書中朔望上下弦可徵也。朔、則日月同度。望、則日月对照。弦、則日在子初度。上弦、則月在酉初度。下弦、則月在卯初度是也。選用之法。在取日月坐、照、拱、関、夾、輔之所在。則時下所忌諸煞。皆可制也。如亥山巳向。日在亥為坐。在巳為照。日在未。月在卯。或月在未。日在卯。則為拱亥山。取亥卯未三方拱向之意。如日月在寅、申則為関。如日月在酉丑則為輔。日月在戌子則為夾。餘皆倣此。五星為佐。二至為極氣。蓋陰陽之極也。冬至必以火羅為用神。水孛為忌神。夏至必以水孛為用神。土計為忌神也。以恩為用。最妙。或以忌為用。以難為用。即不能全美也。二分為平氣。蓋乃陰陽之平也。則五星兼用。要看山向命宮之恩用仇難也。前後各十五日。共一月。過此則陰陽分定矣。至太陽過宮。初進宮六度。及將出宮六度。則論度。初入宮過六度。及將出宮未至六度。則論宮。天元歌所謂深則論宮淺論度是也。

三元地理之旨。蔣公言不是露。告戒丁寧。秘密慎重之至。幸華溪劉後覺子。逐一發明。毫無疑惑。雖祇數頁。實後學之金針也。歐浦以东。尤賴張醒癡先生傳習指示。凡我同人。自当恪守蔣公之志。敬遂刘張二先生之遺。慎勿軽易漏洩。有負前賢。至囑至囑。

清泉趙文鳴宸藻氏識

趙文鳴宸藻氏三元地理詩五言二百二十韻

稽古龍負圖，見者惟伏羲。察象畫八卦，爰載常昭垂。中含陰與陽，物物不可違。公刘迁都豳，陰陽相其宜。并往觀流泉，卜宅因於斯。文王因羑里，畫卦與羲毗。後天為入用，道契洛書徽。成王營洛邑，乃命周公姬。相宅澗瀍間，卜年八百奇。姬公制指南，路指越裳迷。天生三大聖，制立千秋規。迨漢黃石公，青囊肘後貽。迨晉郭景純，葬書不我欺。明指坤兌乾，坎艮震巽離。可見宅與墓，不出卦九圍。及唐邱延翰，其意心憐知。著書凡三卷。高宗收禁闈，後詒一行僧。銅函藏其祕，賴有楊筠松。竊翰書東歸，參考作天玉奧語，古語稀。後傳曾公安，黃妙應同歸。至宋吳景鸞，廖瑀賴布衣。司馬謝子敬，冥搆卜則巍。蕭客董遇元，舒南陳希夷。各各守大道，尚未涉邪思。奈明多偽術，怪誕如魑魅。忽若雪心賦，名托文公熹。并撰平沙尺，注冐誠意基。雪心不待辯，玉尺真堪嗤。中王生旺墓，此法起乎誰。共稱為三合，長生并偏枝。況分為雙山，八卦俱參差。辰巽丙午拆，丁未丙巳偏。甲卯未坤散，庚申辰乙排。丑艮庚辛亂，寅甲辛戌挨。乾亥子癸棄，癸丑壬亥皆。八卦聖人作，顛倒罔難稽。悞矣天下人，法究豈徒猜。更有淺見者，辛之九是著。以言終不醒，如醉又如癡。幸生蔣大鴻，辨正發仁慈。天元歸厚錄，醒心神火詩。中有審氣篇，脫穎秋毫錐。一白上元龍，二黑三碧陪。四綠為中氣，五黃六白攜。七赤係下元。八白九紫挨。一白司為坎，二坤三震推。四綠司為巽，五黃六乾比。七赤司為兌，八艮九離倚。此開天地秘，玉理真我師。數千年未洩，得吳未窺。譬如晝夜秋，四時運旋移。譬如晨晝夜，一日迭相推。譬如少壯老，一身有盛衰。上元譬諸春，日暖風和熙。倘以三陽水，可卜氣替萎。中元譬夏秋，平分先後期。下元譬如冬，氣短日淒其。有龍須有水，界水龍旋迴，水繞氣方積。水蓄地始藏，有水必有龍。交媾分雌雄，水自高方至，龍也坎方來水自乾方到。龍卯巽方回水自坤方進。龍卯艮方闸水自兑方注。龍卯震方徊。如響之必應。如影之必隨。如魚之潛躍。如鳥之高飛。視之不見。倚物之無。遠以此發三合三合理真。況乎指南針。猶如向日葵。何為添內外。空自相訊。豈我謂三元。旨明同照。亦辟大理細如髮。大論圓如圭。楊曾未叢秘天地自然機。一定不可易。了然無復疑。必光明此文。然後察地。坼胸中具成竹。簽用見操持。余今作三端。水山與陽識。平澤先看水因水明我施。曲水原如水。如玄如草之圓。如金主固。直如木主權。方如土主重。尖如火主突端而正主靜。偏而斜主陰。環而抱主秘。反而背主饑。向而朝主貴。沖而射主陵。深而長主富。淺而短主墮。前龍謂之攀。後龍謂之騎。左龍及右龍。夾龍傍水湄。水外應防漏。蕤中應揀枝單。泉須曲抱。夾澗須縈迴。夭矯或如龍。蜿蜒或如蛇。飛奔或如鳳。奔躍或如蟒環繞或如帶。通逵或如逵。遊行或如虯。蟠蓄或如螭。朝拱或如笏。穎秀或如芝。穴前當激高穴低。宜激低。長房看左渚。幼房看右坻。另有湖與蕩。以及沼與池。總以元運合衰旺。運未披值元莫出卦。出卦恐遭羅。山法論山龍起伏及高卑。遠脈在奇峰。近脈在遠崖。或結山之頂。或聚水之陂。或凝山之麓。或鍾山之坯。或藏山之腰。或止山之陽。向我者多子。背我者無兒。朝我者受福。沖我者少孩。渙散者無敗。環繞者聚貲。平正者常定。欹側者永乖。連絡者繼久。截斷者退財。重疊者出秀。坦易者鮮才。周圍或如垣。盤繞或如籬。勢鎮或如壘。陣列或如旗。蓁嶸或如虎。蟠踞或如獅。障蔽或如屏。掩映或如帷。招搖或如幟揮動或如旗。孕育真結穴。迎接亦成胎。騎脊既亮易。斬關尤見奇。亦以元運合衰旺。運未補值元莫出卦。出卦陽基有三種。村城與屋廛。村以水為主。路更稽于廟。城以水為末。門重並于街。山路門皆次。最怕山風吹。然此猶外勢。內局當細裁宅倚袤端方。偏斜者非佳。宅向貴清純。出卦者多疵。宅門貴值旺。失令者難培。

最重卧房脱運更難諧宅并重香火亦賴在先祠屋宇須相稱庭除毋太恢或有分居者一家別東西門、、閑與敗户、閑集衰終始元運合一貫如珠纍纍值元莫出卦出卦尤多哉此為擇地法詞簡意義該惟待細推求大旨已備兮更有選日訣法細秋如絲昔舜齊七政玉衡与璿璣七政者為何日月五星甚以此看行運躔度原地秘後遭秦火滅至漢宣帝階詔臣耿寿昌銅鑄渾天儀日月中旋運五星昭其輝今之選日者彼此都猜疑或以斗首言或以演禽訛或更用奇遁徒為大雅讥試讀衛風定營室方中輝又云揆以日日更照冉墀可见日星集何可偏之為況乎日与月代天左右司五星附其末の能且必迎安有神与煞上蔽其光曦且人死既久命豈秋存希翊彼生人命与日分兩岐惟入此墓日乃為受命時譬如人初生落地成形骸於其陰宅命禍福藏先發陽基義亦同主柱日為植法以日為主月随日因暌五星木火土金水互透遁の能炁孛羅计又常相依炁乃木餘孛乃水餘羅乃火餘计乃土餘泥日随天左旋一日一度抛一月一宫逼一歲周天跂月又随日運十三度日逐望對朔同宫常借日光暉木星亦朏缩十二日抛火星順逆移二日一度歛土星廿八日一度以恒運金星善伏乃一日一度隨水星惟順一日一度抛炁星廿八日一度以赤運孛星每暗旋九日一度趱羅星与计星十八日度移相对皆逆運不差毫与厘雨水日躔亥其分戌宫馳穀雨过酉界小滿申畔棲夏至到未境大暑午上馳處暑至巳分秋分辰内羁霜降来卯域小雪寅中維冬至丑境大寒子位栖元旦月臨亥廿八復至危二月廿六移三月廿三趋四月廿一徙五月十九至六月十七接七月十四移八月十二绍九月初十趋十月初八嗣十一初六既十二初三遶元旦危又趋亥宫危至室戌室连壁奎酉宫娄胃昴申昴畢参觜未觜参联井午鬼柳星禅巳星与張翼辰翼軫角何卯角亢氐房寅房心尾箕丑箕斗合斗子牛女虚危此為躔度法

十二支為起陰明日月星如擇日輪樞在何宮及度配向合山溪或拱関夾輔坐照手分批既
定日与月選時奮筆揮立命在何宮恩用須並提陰令用火溫陽令用水瀉春秋二分儀
五乃兼指麾陽宅日為主卯六時升提陰宅月為主酉六時作堆倘逢日月蝕不便立壇壝
娶婦看宅向門牀衰旺咨灶重鍋趋生火門背納煤天元五歌中妙法原畢該我于三
元節探索十餘期訪子弟遍覽蔣公书日諮八卦覩我目洛书融我懷弃霞舊坟宮
應驗如灼龜禍福同操券與慶若列碑故至老且病後嘗犹教之信極藉為某奔走
敍忘疲余令制二盤出入常相攜擇地按八卦擇日按地支常存救貧志敢比文正醫

三元地理考證

堪輿之道，由來已久。自河出圖，洛出書，伏羲氏之以畫八卦，而陰陽五行之理寓焉。迨公劉
遷邠，而曰相其陰陽，觀其流泉。文王伐密伐崇，而曰度其鮮原，居岐之陽，在渭之將。成王
營洛邑，而命周公相宅。于澗水東，瀍水西之間，凡載于詩書者，班班可考。夫曰相，曰觀，曰度，
可知古聖人築城營邑，未嘗不於泉水交流之處，察其陰陽者也。況文王畫後天八卦，并
與周公繫之以辭，周公制指南車，以定八方，周公之于地理，諒必神而明之，特未嘗筆之
於書耳。至秦，樗里子，漢，管公明，亦有著述，未暢厥旨。及讀黃石公授赤松子青
囊經，至玄女三字青囊言簡意該，真堪輿之鼻祖。他如青烏秘書，僅傳其
文，就其姓氏。迨晉，郭景純作葬書，簡而古，深而奧，實青囊之往蹤。至唐
邱延翰洞曉源流，作師授理氣心印三卷。高宗患民間之明其術者，竊占佳城，
因收藏內府，并諂一行僧造銅函經，以亂其真。悉皆倒裝生旺，反用休囚，以惑乎
世。賴贛水楊筠松，得延翰之書，以述江左，心契其微，神明妙化，作青囊奧語、天
玉經、都天寶照經，遍地鉗、撼龍、疑龍、倒杖諸書，真出神入化，故其號曰救貧。
所以妙道，傳其徒曾公安。公安傳揀、探、擇，作青囊序。黃妙應、六藥松高弟，作
穴法二十四歌。宋，吳景鸞得楊曾之秘，作玄空法、準道、談等書，以授廖金精，金精
亦有作法秘旨等書。賴文俊作催官，張子微作玉髓經，司馬頭陀作寓形論，劉江東作
三寶經，謝子敬作寸金賦，舒南僧作怪穴圖，蔡牧堂作穴情賦，謝子期作水鉗說，胡
矮仙作家寶經。又若董遇元、唐朝宗、李淳風、卜則巍、陳希夷、蕭智深、劉秉忠、王仙師、
劉誠意、幕講禅師、吳天柱諸君，明其道者不可勝數，然終未發厥旨。奈有一等江
湖術士，僅識字樣，不明其義，固陋寡聞，毫無真見，貽誤乎世。并有一等書刻好異

之徒創立僞論造作僞書附會穿鑿反使真傳的派湮沒不彰即如平砂玉尺托名劉秉忠撰劉誠意注夫文成公不特治功顯赫即文章著作楊維禎稱為千古人豪子房玄齡所不逮故不必覽其全集即二鬼一論已知其僞也平砂洋認龍訣之皆僞托矣豈能以超群絕倫之筆而作鄙俚粗俗之辭與秉忠注釋其膚不通之論於其與雪心賦之托名朱子者異矣我于是而并知玉尺之非劉秉忠所撰也況其中以二十四路分為十二位兩字一連名為雙山又與瑞生出長生沐浴冠帶臨官帝旺衰病死墓絕胎養分貼十二位為三合我考其由毫無根據且鑿說支離義理悖謬即如青囊經云順五兆用八卦三字經云審卦氣配九星葬書云葬乾者葬坤者葬艮葬巽葬震葬離葬兌葬坎者靈城精義云用先天以統龍用後天以布局又云先後二天先為體而後為用又云地以八方定之位正坤至乾[illegible]輿奧語云雌與雄元空卦內推天玉經云卦內八卦不出位又云總是卦中來又云二十四山起八宮又云八卦九星空又云穴中八卦要知情寶照經云都天大卦總陰陽幕講玉鏡經分九星八山由此觀之自黃石以至幕講皆要之指後天為八用之方而見地理祇當匡八卦舍八卦則無以明地理也且八卦之摠八方起于文王又符洛書經周公孔子以及前古後今諸聖諸賢諸儒之自是數易之者而忽遭妄知妄作之徒炊者惑衆以十二位拆之則兩字一割遂將八卦逐一分散如離卦丙午丁一連割去丁字坤卦坤申一連割去未字割丁割未已屬不可又割丁未二字硬為併合八卦皆無是為蠢亂有是理乎況三字經云推三吉合八門試當推三元之吉星以合八卦之八門積又云當詳究乎四龍天星宜細察乎三盤卦例天星者九星也三盤者乃上中下三盤之卦也故云卦例奧語云坤壬乙巨門從頭出艮丙辛位位是破軍巽辰亥盡是武曲位天坤壬乙在上元也而二黑坤配巨門故曰巨門從頭出艮丙辛在下元也而七赤兌配破軍故曰位

位是破軍。巽辰亥在中元也。而六白乾配武曲。故曰是是武曲位。由此觀之。显然以九星分配三元。明白畢露。天玉經云。江東一卦從来吉。八神の個一。江西一卦排龍位。八神の個二。南北八神共一卦。端的應無差。此江字只当作水字解。江東一卦在。謂傍東水之卦也。分明下元卦也。八神の個一在。謂八卦中四正卦內之一卦也。江西一卦在。謂傍西水之卦也。分明中元卦也。八神四個二在。謂八卦中四隅卦內之一卦也。中元の不兩闗。故謂之二。是一卦而兼二卦也。南北八神共一卦在。分明傍南水之卦。而為上元卦也。上元氣力深厚。一卦可該八卦。故謂之共一卦也。下又接云、二十四龍管三卦。分明二十四龍只該分為八卦。就八卦之中又只該分為三卦。故又云。東西父母三般卦。又云。三般卦第一。又云。天地父母三般卦。又云。要求富貴三般卦。又云。識得父母三般卦。三卦在。明指上中下三元也。不然。何八卦而只云三卦。且一篇之中。不處處稱之不置乎。不知一二三為上元。四五六為中元。七八九為下元。三元循環。秩然有序。一定不易之理也。寶照經云。子癸午丁天元宮。辰戌丑未地元龍。寅申巳亥人元來。天地人。即上中下三元之旨。显然吐露。故又云。八卦只有一卦通。此語尤属三元之要。分明二十四龍只該分為八卦。又只該分為三卦。就三卦之中。又只有值運之一卦。故下文又云。乾坤艮巽壬何位。乙辛丁癸落何宮。甲庚壬丙來何地。又明明注出乾坤艮巽中元也。乙辛丁癸上元也。甲庚壬丙下元也。壬何位。落何宮。來何地。又明明說出當上元運自有上元作法。當中元運。自有中元作法。當下元運。自有下元作法。不容顛乱。不容夾雜。必須深明確見。方知山情水意。合得天心造化工也。就三篇之中。楊公千言萬語。究不出三元二字之範圍。奧語以九星分配三元。天玉以八卦分配三元。寶照直指出天地人三元字面。并點出只有一卦通之語。可見三元輪轉。隨運旋轉。真天地自然而然中所自有之範。斷無絲毫勉強于其間也。豈若生旺墓之妄。中生有死。板生硬套乎。何怪之人。日誦楊公之書

范此圖者。真一丁不識。有目無珠者也。直至雲間蔣大鴻。得無極子八極神樞枕中記之真傳。遂
貝高明。心思透徹。洞河洛之淵源。會楊曾之奧妙。撰地理辨正。歸厚錄。天元歌。水龍經
序。醒心篇。神火精。本極篇。渴元歌。八宅天元。陰陽宅指南。駐擇秘旨。造命約言。天星擇日
等書。以河圖先天八卦為體。以洛書後天八卦為用。律洛書後天八卦之旨。發出上中下三元之文。
開古今不易之機。關天地自然之運。悅如撥雲霧而見青天。查舜發文王周公孔子諸聖發而未
發之旨者也。夫上中下三元之旨。其來遠矣。讀康熙御製萬年書。遂元換輪。直至年時歷而指
數。正至于時說天之高也。星辰之遠也。苟求其故。千歲之日至。可坐而致者也。又況洛書以下天八卦
中五圖有。蔣鄭公蘊而未洩。楊公露而未明。以致庸愚一派。胸無書史。不能力探其奧耶。今雲
陽祖師枕中記云。元運雖分九宮輪轉。分方運旺。南離西兌東北艮位三方水遠名為
元空。乾門巽戶二方水抱。五黃得氣。北坎東震西南坤地三方水遶。是為一元。會歸厚錄
審運篇云。上元一統。三碧佐治。中元四統。五不問時。下元七統。八九迭制。大往沈生注云。上
元甲子。以一白坎為統龍。二黑坤三碧震輔之。共主六十年。坎先管二十年。甲申入坤。甲辰入
震。各管二十年。此在一元之內。皆乘旺氣。而坎為主星。中元甲子。以四綠為統龍。五黃中宮六白
乾輔之。主治如前。下元甲子。以七赤兌為統龍。八白艮九紫離輔之。主治亦如前。蓋以天八卦之
坎坤震巽乾兌艮離。即洛書之一白二黑三碧四綠六白七赤八白九紫。合而為一者也。天元歌
云。九龍八卦貴乘時。上下三元各有宜。葬著旺龍當代發。葬著平龍漸迹遲。葬著死
龍憂敗絕。從此合格也難支。不是八神齊到穴。出元之葬莫相依。即雲陽蔣公之書明白
分曉。洞徹源流。若讀之者。自應如夢之忽覺。如醉之忽醒。頓改前非。愧悔莫及。何後不
知不識。爭論無已。豈知自誤之人。遺害不足者耶。且夫天地不能有靜而無動。古今不能有
止而無行。有興必有敗。有盛必有衰。此自然之運。不可強也。試孔一年之中。自有春夏秋冬之換。一

日之內自有晨昏晝夜之移，一人之身自有少長壯老之異，豈天與人如是，而地獨無循環衰
旺之候乎？坎離為天地之中氣，中男中女即先天之乾坤，中藏戊己真土，故三元不敗者多。
天玉經云三陽水向盡源流，富貴永無休。于此可見矣。蓋上元猶如一年之春日，暖氣長直
貴。一年猶如一日之晨，氣象博順直貴。一日又如一人之幼，他陽体健，直貴一生。故上元三龍在
中元未嘗不發，蓋中元即上元之餘氣。可見上元龍並旺中元，中元龍亦有餘力旺及下元。猶下
元之龍為力甚微，即春一年之冬，一日之暮，一身之老，一轉瞬而已過矣。即如青囊云排六甲布
八門，亦一證也。葬書云衰旺係乎形應，又云朱雀源乎生氣，派于未盛，朝于大旺，澤于將衰，流于
因謝，以返不絕。味其語意，亦申明上文衰旺之旨。蓋當旺時自有生氣，財匡未盛，以至于大旺，
及其將衰，又必流于因謝。此天地之運有循環，有旺必有衰，有衰又必有旺，故又云以返不絕。此
疏明青囊排六甲之紀年審運也。何見淺者忽略生氣改為長生，大旺改為帝旺[illegible]
解曰未全衰并冠帶臨官貼未盛，死病墓絕貼因謝，胎養貼不絕，而中間卻遺去
沐浴而不知，其人之昏昧一至于此。況生氣二字即開篇乘生氣之生氣，其中並無長生二字
之意。如果以生氣為長生，冠帶臨官為未盛，郭公何不若葬乾葬坤，明明指出豈八卦
可以明言，而長生沐浴獨不可以顯示耶？可以見郭公之初無長生十二位之說存乎心也。此又一證
也。精義形氣開首云宇宙有大關合，氣運為主；山川有真性情，氣勢為先。地運有推移，而
天氣從之；天氣有轉徙，而地運應之。天氣動于上，而人為應之；人為動于下，而天氣從之。
後世分明易曉，此又一證也。天玉經云惟有挨星為最貴，泄漏天機秘。天機若然安在
內，家活當富貴。天機即天運也。又云龍要合向向合水，水之合三吉位，合祿合馬合官星，本
卦生旺尋。可見龍向與水俱要合得生旺。此又一證也。奧語云認龍立穴要分明，在人仔細
辨天心。天心者即三元之天運也。此又一證也。青囊序云識得陰陽玄妙理，知其衰旺生

与死不问坐山与来水但逢死气皆无取又云气乘生旺方无煞不见山与水俱与合得生旺道

定一證也归厚録審遅蒿云日有中昃月有盈虧地有衰旺宗有應與天元歌云在天北斗

司元化在地八卦是天心能将九曜為候吞大地乾坤一口吞此又一證也合而观之天地自有轉

運轉運自有盛衰失令者敗得令者興了然無疑者也无言地理者不以誦此而頓悟矣

至于擇日自古以日月五星四餘為主昔舜作璿璣玉衡以齊七政七政者日月五星也古来本有

此法遭秦火而滅至漢宣帝時耿壽昌鑄銅為之名曰渾天儀即璿璣之遺法也又讀

衛風定之方中之營室星也又曰揆之以日作于楚室而見作室未有不以日為主星為用

者也而後之作之或用斗首或用演禽或用奇遁皆以三煞太歲陰府空亡金神退氣年

尅月壓為拘忌豈知天地不过陰陽陰陽見諸日月五星日月五星運天地之陰陽而

冠乎萬物之上既有日月五星又安有此为神煞或有之亦必為日月五星所壓制

矣且人而既死已无所謂命矣况生人之命与葬日何干惟葬之年月日時乃入地之

時譬如人初生之日也此真陰基之命也陽宅亦然故陰宅以入土日為主陽宅以主柱日

為主其法倫于天元第五歌以及尅擇秘旨造命約言天星擇日等書至七政之運行

以十二支為宮以二十八宿為度每宮三十度每度六十分周天三百六十度名曰量天

尺其法載于七政躔度时憲书太理更细此明于天文者未易推測也精又云天以十二分野

正躔度之次舍故壬子丙午為天盤居外以應天之虛子午見十二支之羅經明指其以

日月五星之躔度故曰天盤而无識者狄托名楊公所制立无因之至矣故我分制二盤

地盤列八卦以擇地天盤列十二支以擇日若夫羅經只当用正針蓋指南不可移動若用

三盤則中針之和是外盤之癸明差一字矣豈指南而可以丙而可以癸和乃无主人定龍立

向俱從八卦用正針消砂納水又從生旺墓用縫針如此則龍向与砂水又分為兩途矣

我知如制指南之周公復生，当未肯以為然也。余少壮时，留心举業，暇習詩詞书画，地理之道，泛乎未之閲也。迨五旬後，而丈人相继而逝，不忍輕葬，因延善醫好友張醒癡覓地。醒癡受業于華淫刘阅覺，子以蔣公三元之秘，日与役論，并取三元三合之书，参考穷究，始知三元之是，实而有凭；三合之非，虚而無據。更推原按舊坟，以三元之道推之，無不一一應驗；以三合之法推之，無不二二悖謬。乎此益深信無疑。及弟璞函屋節金川，賜葬归里，而醒癡亦相继而殁。余反覆研求，精明詳確，乃買得兩地，葬我先人，并葬璞函。未至三年，而大蹇少鉌癒，補內閣中书二姓，硯彬特拔，樾勤殿行走，凡福正未可量，此乎地理決之也。我于三元之道，始敢自誇实見得明，辨得確，参得透，信得真。然公之人徒以口腹為計，不論地之善惡，日之吉凶，随所至而無不為，以致殄滅人之子嗣而不知。故信我者我必継，不信我者我不至。地之佳者我方取，地之不佳者我必舍。不敢害人，務相益也。亦如作壮因三合，故因偏覽舊墓，不合元運而衰敗者，十居八九，貧者夭者，皆死者絶者絶，不禁驚而駭，哀而憐，惻隠之心動，作此考證一篇，以以喚醒一切，挽回之力。尚存楊公救貧之志，而敢比范文正公之良醫也。然擇地之外，尚存作用；擇日之外，尚存配合。未敢屋漏天机，亦三元地理一端，亦不过存其大畧而已也。

乾隆四十三年■月上海趙文鳴字宸藻錄清泉撰